教育部人文社会科学重点研究基地重大项目
"共同富裕背景下的城市治理现代化与城乡
融合发展"（批准号22JJD630023）和广州市
人文社会科学重点研究基地研究成果

粤治案例

《粤治案例》编委会 编

编写顾问 / / 何艳玲
主编 / 张雪帆

U0330420

中山大学出版社
SUN YAT-SEN UNIVERSITY PRESS

·广州·

图书在版编目（CIP）数据

粤治案例/《粤治案例》编委会编. -- 广州：中山大学出版社，2024.12
ISBN 978 - 7 - 306 - 08072 - 1

Ⅰ.①粤… Ⅱ.①粤… Ⅲ.①地方政府—行政管理—案例—广东—教材 Ⅳ.①D625.65

中国版本图书馆 CIP 数据核字（2024）第 078165 号

出 版 人：王天琪
策划编辑：嵇春霞
责任编辑：赵　冉
封面设计：曾　婷
责任校对：贾艳润
责任技编：靳晓虹
出版发行：中山大学出版社
电　　话：编辑部 020 - 84110283，84113349，84111997，84110779，84110776
　　　　　发行部 020 - 84111998，84111981，84111160
地　　址：广州市新港西路 135 号
邮　　编：510275　传　　真：020 - 84036565
网　　址：http：//www.zsup.com.cn　E-mail：zdcbs@mail.sysu.edu.cn
印 刷 者：广东虎彩云印刷有限公司
规　　格：787mm×1092mm　1/16　14.875 印张　251 千字
版次印次：2024 年 12 月第 1 版　2024 年 12 月第 1 次印刷
定　　价：56.00 元

前　言

党的十八大以来，习近平总书记两次亲临广东视察，多次对广东工作作出重要讲话和重要批示。广东作为"两个重要窗口"，在粤港澳大湾区建设过程中积累了一系列以解决日常工作常见问题为导向、以解放思想开拓创新为特点的治理创新案例。广东治理经验能在构建推动经济高质量发展体制机制、建设现代化经济体系、形成全面开放新格局、营造共建共治共享社会治理格局等方面为干部培训提供更多具有创新性的治理典型案例，让"走在前列"的经验起到全国性辐射带动效应。本书以粤治为基础，聚焦典型案例并以案例教学特别是干部培训教学为编写方向。

与传统案例写作相比，本书案例写作有如下三个特点。

首先，聚焦点不在政府部门的列举，而在论述解决问题的具体思路。不同于传统案例教材按照政府部门类型、条块和工作流程的分列方式，以每个部门报送自身工作中的案例编写，求大求全，本书按解决问题的创新类型进行分类编排。我们认为，政府不仅是一个部门，而且承担大量意向、背负着一系列的价值规范和行动逻辑。政府相对于非政府部门的特殊性主要来自其公共性要求，而非具体分工。因此，要真正理解政府创新就不能仅聚焦于任何割裂的模块式小点，而同时需要从特性中挖掘共性。不同的政府机关其实都不同程度地承受着瞬息万变的时代需求所带来的压力与冲击，因此，展现跨越特定政府部门分工的创新特征，以点带面，以小见大是本书的一大优势。

其次，聚焦点不在具体的业务成绩，而在于对痛点、难点、堵点的解决，特别是由于政府复杂性所产生的两难问题。选择业绩突出的部门，通过展现该部门所取得的成绩成果从而说明其工作安排适当、措施得力是另一种常见的政府案例教学编排方式。这种编排方式的优点在于以报告优异的部门成绩为内容可以快速定位讨论的焦点，防止议题因为政府复杂性而过度发散。但这种编排方式的主要问题是容易扭曲真实存在的政府特殊性，而忽略在成绩背后不同的行政工作本身存在的难度和复杂性的差异，不利于反映对于攻坚克难的思考。因此，本书在论及各个案例的特点时，都将强调其中长期困扰本项工作的两难现象，将重点落在如何通过创新解放思想、开拓新局，而非仅停留于表面上的部门业务绩效评估。

最后，内容编排兼顾了逻辑统一性和案例特殊性。传统的同类经验案例教材通常以分点介绍为主要行文方式。这使得其案例教材的行文结构形成了特有的格式：论点的存在比论点的展开更重要，关键是让读者知道有什么，而非理解为什么。因而案例行文类似于新闻报道而非真正的启发教学，各案例之间更倾向平行分列；且为了索引方便，更强调专著的工具性而非可读性，将尽可能多的案例简要罗列其中，而非通过逻辑论述串联起行文推进的思路。这使得传统编排模式更适合行外人在零基础的情况下快速查找粗略的信息，却不适用于干部培训向有一定工作基础的读者展现更深入的思考和启示。为体现比较优势，本书以展开论点为主要出发点，每个案例都有清晰的思维导图作为引导，以论述而非罗列串联观点，从而为读者，尤其是对政府运作有一定基础的读者更深入地展现各个案例的创新之处。

此外，本书的编纂工作自启动之初便获得了中共广东省委组织部相关领导及干部的支持和指导，对此我们深表感谢！在资料搜集与整理的过程中，更有姚媛、周寒、井奕辰等多位同学以及紫荆教育的同事们积极参与，在此我们一并致以最诚挚的谢意！

编委会

2024 年 12 月

目　　录

如何理解案例学习

20世纪90年代初，我国公共行政（公共管理）教育开始引入案例教学法。就改革传统教学模式而言，案例教学法极具吸引力。在采用案例教学法对干部人员进行培训之前，首先需要充分了解什么是案例教学法、我们为什么要使用案例教学法进行教学，才能够更好地领悟案例的作用，充分发挥案例教学的效果，提高公务员公共管理的能力，实现干部培训的目的。

一、什么是案例教学法

所谓案例教学法，并不是教师在课堂教学中为说明一定的理论或概念进行的举例分析，也不是教师指导学生开展的具有实例性的课程实习，而是一种开放式、互动式的新型教学方式。案例教学法为达到一定的培训目的，把现实中真实的情景加以典型化处理，形成供学习者思考分析和决断的案例，将学习者置身于这些复杂的现实情境之中，使其体验到现实情景中的各种压力和复杂性。案例教学法可提高学习者在有限信息的基础上进行决策的能力以及在分析复杂问题时的能力；使学习者通过对现实素材的分析，更好地理解理论；使学习者积极介入或参与教学过程，在教学互动过程中开发学习者多方面的潜能。就治理案例而言，已经有一定工作经验的公务员可通过案例教学法重新审视自身的工作内容与举措。

案例教学最早用于医学教学中，为启发学生掌握诊断及治疗病症的方法，医学院的教授将各类病症的诊断及治疗过程记录下来做成案例用于课堂分析，以培养学生的诊断推理能力。后来，法学院的教授将各类判例记录包括辩护和裁决过程整理成为法学案例，以培养学生的判案推理能力。20世纪初，哈佛商学院出现了工商管理案例，教授将包括各种不确定信息、相关意见和实施过程的商业管理及其决策过程记录下来，编写为案例用于课堂教学，以培养学生的管理推理能力。类似的方法后来也出现在公共管理学中，教授搜集整理包含不同背景、问题、选项、相关意见和选择过程的公共管理和决策记录，形成治理案例并用于教学过程，以培养学生的决策推理能力。因此，治理案例实际上是借鉴其他领域案例的一种具体应用，它和医学案例、法学案例、工商管理案例一样，目的都是通过再现实际事件的典型过程来引导和培养学生的推理能力。

二、案例教学的特点与作用

由于治理案例是治理活动的现实缩影与典型代表，源于治理实践，又高于治理实践，具有高度的拟真性，因此，与其他的教学方式相比，采用案例教学法进行干部培训，更能够深化公务员对中国治理实践的认识与思考。在这样的背景下，案例学习特别是治理案例往往成为各政府部门工作人员反思、总结自身工作，推进工作质量提升的手段。

（一）治理案例的特性

治理案例因其明显的特性而适用于达成鲜明的教学目标。

真实性。治理案例记叙的是现实治理过程中真实发生的事情，非随意虚构或杜撰。当然，为了更加突出治理案例的典型性与代表性，在不妨碍真实性的前提下，在治理案例的撰写过程中有意识地突出事情的某个方面，这是可取的。因教学中所使用的治理案例都是真实发生过的事情，能够使接受培训的人员对中国不同地方当前的治理实践有进一步的了解。

公共性。治理案例基本上为公共事件的处理，描述的是政府的管理活动，包括各种各样的国家事务、社会公共事务和机关内部事务，且治理案例涉及的范围较广，包含政治、经济、法律等多种社会活动，因此，它对于公务员处理现实问题具有极强的参考价值。

客观性。治理案例往往只是对于某项行政管理活动所做的客观记叙，具体交代某些政府管理活动的基本客观事实，并不包含任何带有主观倾向性的意见。因此，我们能够对该案例所囊括的具体管理措施进行较为理智的分析，不受具有倾向性的主观影响，可以形成自己的判断。

目的性。任何治理案例的存在总是为了说明某种看法或者观点，由此印证行政管理学的某个原则、理论，或者呈现治理实践的某种规律。案例提供某种场景，使参训人员能够设身处地地置于其中，促使其在复杂的情况下做出反应和判断，提出解决对策，从而提高个人利用行政管理的相关理论解决现实问题的能力。

启发性。一则好的治理案例往往有思考的余地，即会引起人积极思索，甚至能引发各种不同意见的争论，促使参训人员提出不同的解决方案来比较、讨论。因此，很多好的案例往往不是平铺直叙，而是采用暗示、伏笔、悬念等手法来启发、引导参训人员积极思考。

（二）治理案例的作用

治理案例在教学过程中能够发挥多方面的作用、较为全面地实现干部培训的目的，并具有良好的培训效果。

1. 有助于深化参训人员对实际情况的了解

这是治理案例最直接、最基本的功能。它能使参训人员了解到某一国家、地区、行业、某类组织的实际情况，也能了解不同地区的公共管理为解决行政问题所采取的不同的应对措施。对于在职管理人员和公务人员来说，他们虽然已有相当的实际经验，但往往囿于局部地区与个别行业，因而需要进行更广泛地交流与切磋，以扩大和更新自己的知识，从而开拓视野，积累面对复杂情况的处理经验，这有利于他们更好开展今后的工作以及提升管理地区服务的质量。

2. 有助于参训人员总结与交流

治理案例通过提供一个逼真的具体管理情景，为学习集体提供一个共同的关注点，使参训人员获得一个取长补短、互相启发的机会。尤其对于参加培训的干部来说，大量经验丰富、各怀"绝技"、来自

五湖四海的各级干部聚集在一起，就同一问题各抒己见，交流辩论，共同提高，是一个十分难得的宝贵机会。比如，反腐倡廉会议的与会者可以通过认真分析一个典型案例来交流各自防腐反腐的经验，这样能使大家集思广益，共同出谋划策，找到治理腐败的更好的对策与办法。从具有典型代表性的治理案例中，公务员能够学习到优秀的实践经验，也能够反思自身工作中的缺陷或不足，并在交流中相互借鉴，提升公共管理治理水平。

3. 有助于加深参训人员对公共管理理论和方法的理解及运用

理论是源自实践的。治理案例虽不能说等同于治理实践，但是与其他类型的教材相比，它更接近现实。它将现实的治理问题及其具体的运作过程如实地再现出来，要求案例分析者运用所学的理论来分析、解剖、总结经验，发现问题并提出解决问题的思路和方法。这种分析方法往往能较好地使学习者举一反三，加深对公共管理的基本理论、基础知识和基本方法的理解和掌握。对于治理案例中凸显的经验性原则，接受培训的公务员也能够从中进行学习，有助于解决自身管理地区的现实问题。

4. 有助于培养参训人员学习的主动性、创造性和参与性

教与学原本是相生相长的过程。很多传统教材偏重理论，较为抽象。如果教学过程中只讲理论，不结合实际，参训人员学起来就会乏味。而引入治理案例教学法，能较好地解决这方面的问题。尤其是对于本身已经承担公共管理工作的公务员来说，抽象的理论学习虽也是必要的，然而更为紧要的是向他们传授偏实用的治理实践知识，使得公职人员能够更好更高效地处理政府内部管理及外部服务的问题，以实践案例进行教学在这种教学目的的背景下显然更为妥当。通过"课前准备—课堂讨论—课后总结"这一系列的环节，治理案例这种参与式教学方法能最大限度地调动参训人员学习公共管理理论的积极性、主动性和创造性。同时，参训人员通过思考分析案例，可以锻炼逻辑思维能力，通过撰写案例分析报告，可以培养分析问题的能力，通过课堂上相互的交流与讨论，可以锻炼口头表达能力和临场应变能力，从而提升自身解决问题的能力和综合应用能力。

5. 有助于培养参训人员对治理活动的敏锐性和适应性

通过了解、学习不同类型的治理案例，能够使参训人员更加多方位地认识中国治理实践的复杂性。从中学到如何在复杂多变的现实中，把握全局、抓住矛盾、解决冲突、作出决策、执行决策。通过对复杂案例的学习和积累，他们能够接触到各种各样的复杂现实，提高对行政现实的敏锐性，从而在应对工作职责范围内的问题时，可以有多种思路、多条途径。案例学习能够有效提高公务员面对复杂环境的突发问题的经验性和适应性。

6. 有助于参训人员及时反思、总结及改进工作

"以古为镜，可以知兴替；以人为镜，可以明得失。"（《旧唐书·魏徵传》）治理案例其实就是一面镜子，它通过重现和反映已经发生过的行政现象和事实，为参训人员提供一个参照物。对于好的、正面的人和事，参训人员可以借鉴学习；对于坏的、负面的人和事，参训人员要从中吸取教训，时刻警醒。公务员可通过治理案例的学习来提高自身的素质，改进自己的工作。一方面，可以借助案例的学习和研究，尤其是通过对失败的治理案例的学习，时刻警醒自己"前车之覆，后车之鉴"，并通过严格自律以少犯错误尤其是类似的错误。另一方面，案例的学习还有助于行政人员了解行政管理的全貌。在实际的行政过程中，由于分工的缘故，行政人员的管理范围和眼光往往局限在本部门或本业务范围内，这容易造成部门利益观念和眼光狭小的局限性。而通过治理案例的学习，公务员可了解其他行政机构或部门的运行情况，增强对行政管理体制运行的整体感和全局意识。同时在实际的行政工作中，自觉运用治理案例分析法还有助于提高行政效率，改进行政工作。

基于以上治理案例的特点和作用，我们在培训过程中也同样采用案例教学法的方式，通过收集汇总不同地区、不同复杂问题的实际治理案例，为各地区公务员提供培训所用资料。在案例整理的过程中，我们以较为系统的思维导图对复杂程度较大的治理案例进行了基本梳理，便于参训人员整理思路。接下来将就案例整理过程中所采用的思维框架进行介绍，阐明其中的逻辑思路。对"为什么这么整理？"

"这么整理对我们的案例学习和分析有什么帮助?""我们该如何从这一套思维逻辑出发进行学习,应注意哪些要点?"等问题进行解答和反思,增进对治理案例教学法的了解和应用。

三、治理案例的呈现框架

由于案例实践中通常牵涉多个政府主体,影响多个社会主体的利益,因此,案例的整体呈现往往是复杂且缺乏一定条理的,需要耗费大量的时间去理解材料。在干部培训过程中,为了提高学习效率,减少不必要的时间成本,所选取的治理案例都是经过了一定的整理与编排的,能够使参与培训的人员更直观、更快速地了解治理案例的基本情况。

本书进行案例梳理时采取的思维导图基本如下:

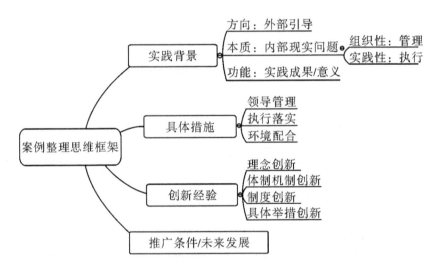

现就案例整理所采用的思维框架的具体思路逻辑进行说明,希望能够以此深化参训人员对治理案例的理解,更好地达成治理案例教学的目标。

（一）实践背景

思维框架的第一部分主要是治理案例的实践背景。在一般情况下，治理案例的发生并不是突如其来或空穴来风的，这不符合我们在日常管理工作中的实际情况。因此，了解某治理案例或其行政举措，了解该案例发生的环境背景是具有必要性的，应了解是什么样的原因诱发该治理案例的出现，或者说，政府所采取的行政手段是在回应什么问题。只有先了解治理案例的背景，才能使参与培训的人员产生更强的情境代入感，实现使用案例教学法的功能。

在实践背景部分，我们主要从三种视角进行分析。

在方向上，我们对治理案例发生的原因进行归纳。中国地方治理活动常常是中央方向性领导的结果，这也是大部分治理案例发生的情境。这是政府在"有限注意力"背景下开展行政措施需要考虑的必要要素。一般而言，政府对待复杂社会现况的注意力是有限的，而注意力分配的相关概念是从心理学向企业管理、经济管理再向组织学、社会学和行政管理领域发展的，西蒙的有限理性决策理论认为，由于决策者信息加工能力的限制和理性本身的限制，行为主体无法按照客观理性要求实现价值最大化的理性决策，而只能在有限理性的范围内进行行为选择。有限理性决策理论的重要心理基础在于注意力的存在。来自中央领导或者党组织的直接指示能够帮助地方政府高效决策注意力的分配方式，认识到当前社会总体环境中普遍存在的亟须解决的问题，或者是配合某项重要决策进行项目式治理，都是推动地方治理案例实践的外部因素。尤其是在"两个维护"（坚决维护习近平总书记党中央的核心、全党的核心地位，坚决维护党中央权威和集中统一领导）的方针指导下，各级地方政府必须做到将党的先进性要求转化为党员的实际行动。

在治理案例发生的本质原因上，我们将其归因于现实问题的存在，正是由于环境中已经存在的问题才使得政府采取公共管理手段具有迫切性与必要性。针对现实环境中的问题，我们又将其拆分为组织性和实践性两个层面。组织性层面的问题主要是指政府内部组织架构、部门之间配合以及组织领导等与政府本身相关的问题，如缺乏有效的管理、调动以及资源的分配不足，使得治理实践难以达成预期效果。而实践性层面的问题我们则主要聚焦于治理案例在具体实行过程中所遇到的问题。政府执行方作为直接与社会接触的主体，在治理实践中也或多或少存在着无法将方案真正应用于社会现实的问题。而正是由于在管理实践中存在着种种问题，我们才需要采取其他措施加以解决。2020 年 10 月，习近平总书记在中央党校中青年干部培训班开班式上也强调"历史总是在不断解决问题中前进的。我们党领导人民干革命、搞建设、抓改革，都是为了解决我国的实际问题。提高解决实际问题能力是应对当前复杂形势、完成艰巨任务的迫切需要，也是年轻干部成长的必然要求"。[①] 重视治理案例面临的实际问题，才能更好地理解政府在行政工作上的具体举措。

实践背景层面最后的分析视角是从治理案例所取得的实践成果进行分析。每一个治理案例的实践都是为了达成某种公共管理目标，解决某些现实存在的问题，因此，通过对案例中所采取的手段及取得的效果进行分析，也能够促进参训人员进一步理解治理案例中所呈现的不同行政举措取得的行政效果，对行政举措反映的原则进行更为深刻的理解。

（二）具体措施

在具体措施部分，我们主要对不同治理案例中为达成公共管理目的而采取的实践手段进行具体的展示与分析。在对治理案例的具体实施背景有了一定了解之后，对该治理案例具体的实现方式也应该做进一步的了解和认识，这是治理案例教学的核心部分。干部培训的根本目的在于提高社会治理的实践本领，因此，了解治理案例中的具体实践也是学习的重点内容之一。从实践背景到具体措施，能够使参与培

---

① 参见《习近平在中央党校（国家行政学院）中青年干部培训班开班式上发表重要讲话》，见中国政府网（http://www.gov.cn/xinwen/2020 – 10/10/content_ 5550258. htm），2021 – 08 – 31。

训的人员在快速了解了案例发生的现实状况后，对政府据此开展的措施有进一步的认识，迅速掌握治理案例全貌与全流程。

在对不同治理案例的具体开展举措进行整理的过程中，我们将通过 3 个层面对具体措施进行梳理。这种梳理思路基本适用于本教材选取的大部分治理案例。

首先，基本上所有的治理案例在实践中都会对相关的组织架构进行调整优化，在政府内部形成合力，实现政府资源的合理调配，为公共管理的开展提供充分的政府内部支持。想要取得行政管理实践的成功，离不开良好的组织结构。在公共管理过程中，政府占据着绝对的主体地位，作为行政管理机构，对专门的机构情况进行设置，对专门的人员进行配备，并实现公共关系活动是其主要职责。因此，在治理实践中，为达成某项管理目的而对政府内部组织架构进行充分优化是大多数情况下政府会采取的实践手段，采取这种划分方式也是在了解了大多数治理案例的共性之后做出的选择。

其次，采取机械性的层面划分，在治理案例中，政府也会以多种途径实现治理目的，这其中既包括在政府内外部之间建立合作，也包括借用现代科学技术手段达成治理现代化。不同的治理案例由于面对的社会问题不同，因此在执行落实层面上采取的手段也存在差异。而参训人员在学习过程中，关键是结合治理案例的开展背景审视其行政手段，将自己置身于公共管理的实际环境中，设身处地地对治理案例进行学习和理解，具体问题具体分析。

最后，在具体措施中，我们也能够在大量的治理案例中观察到，通过改善问题存在的社会环境来推动问题的解决并维持政府手段治理具有成效。一般而言，政府利用行政手段进行干预是快速高效解决问题的好方法，然而，如何维持政府治理的结果却需要社会环境与政府形成合力，保障治理成果的长效性。在这一部分，我们可以观察到不同案例背景下，政府都采取了何种手段改善社会环境，打造利于治理成效延续的外部环境。

（三）创新经验

了解了治理案例发生的背景，以及政府实现公共管理目的而采取的具体措施后，应当对此进行抽象性的经验总结，分析不同案例间的差别，找出每个治理案例之中可供学习参考的要点，提取为每个治理案例的创新点，为行政管理者的社会治理提供借鉴与新思路。对于参与培训的人员，这更是需要重视的关键部分，因为在这一部分之中，参训人员能够了解每个治理案例中的典型化创新点，以及这些治理案例取得成功的原因有哪些。这既是对自身分析能力的考验，同时也是对自身行政工作的反思与积累，从而在日后处理复杂的行政问题时，能够更加精准地进行分析，也能从多条解决途径进行考虑。

首先，我们聚焦于治理案例中治理实践中的理念创新。本教材在对大部分治理案例进行实践背景分析时，都对其外部方向性引导因素进行了总结，这往往是地方行政过程中理念创新的源泉。地方实践创新往往离不开思想创新发挥的作用，在社会环境不断变化的大背景下，理念创新更是社会治理中不可忽视的要素。要想使政府服务能够与社会发展的速度相匹配，使因社会变化而出现的问题能够及时得到解决，则必须保障理念上的不断创新。从不同治理案例反映的理念变化之中，参训人员能以此为鉴，反思自己所管理的部分是否跟上了不断变化、进步的思想潮流。

其次，我们着重总结治理实践中的体制机制创新。在通常情况下，我们以"体制"指称国家机关、企事业单位的机构设置、隶属关系和权力划分等方面的具体体系和组织制度。而"机制"则指有机体的构造、功能和相互关系，泛指一个工作系统的组织或部分之间相互作用的过程和方式。运用在治理实践中，我们所谈的"体制机制创新"则主要是指为解决现实的行政问题而在政府内部采取的，特别是部门间为实现合作、形成合力而采取的具体举措的创新点。针对不同的社会现实问题，在体制机制的应对方式上也存在着较大的差别，参训人员应从中学习行政手段上的不同处理方式。

再次，我们关注治理实践中的制度创新。在思想上有创新理念引导，在具体实践上也有体制机制创新予以扶持，然而更重要的是如何将二者转变为常态化机制，维持治理成效的长期性，这就需要一套稳定运行的制度予以保障。因此，在治理案例整理的过程中，我们也重点关注了不同治理案例实践背景下的制度创新。与体制机制创新有区别的是，制度创新更加侧重于成体系的制度或模式的运作，强调行政管理举措的日常化与规范化，这也是参训人员应重点关注的内容。之所以将制度与体制机制进行区别性划分，是为了突出政府在治理案例中的长效性建设作用。

最后，我们突出治理实践中的具体举措创新。理念创新强调的是内部思想层面的创新，体制机制注重政府内部部门间或者技术上的实践举措，制度则侧重于常态化行政的制度规范，这三者都属于政府治理实践流程中的平面机械型划分。而对于单一治理案例中的亮点、突出的实践举措我们也应当单独进行讨论，从而为参训人员的日常管理实践提供新的借鉴思路。因此，我们也将治理案例中具有可借鉴意义的具体举措进行了单独整理。

（四）推广条件

前文已经提到，我们所选取的治理案例都是具有典型性的，通过抽象化的总结和提炼，其中许多具体举措是可以在相似的环境下结合不同的实际情况进行推广，并以此提高其他地区的治理效率。为实现这一目的，不少案例中的政府在推广手段上采取了相应的举措，例如加大宣传力度、扩大媒体渠道等方式。但由于不同的情境下，推广方式有所差异，因此本教材将政府进行案例模式推广的相关工作都总结在"推广条件"这一部分中。

四、案例教学学习思路

上文对治理案例整理的思路逻辑进行了说明，参与的培训人员也可以以此作为理解各案例的线索。那么，有了相应的思路框架，我们该怎样运用这一套框架对治理案例进行学习呢？以下结合清华大学公

11

共管理中心的案例教学法与在职人员的现实工作情况，对案例教学的过程以及该框架的使用进行说明。

（一）事前预习：认识与了解

案例教学中的一个重要环节是要求全体学习者事先进行案例预习，没有事先预习案例就无法进行讨论。本教材的案例无论长短，都有一个完整的描述体系，基本由上述逻辑框架进行了系统的编排与整理，并以文字形式表现出来。在培训之前，每一名参与培训的人员都必须认真阅读案例，做好事前预习的工作。只有提前了解该治理案例的背景、措施与创新点，对案例整体的流程和大致状况有一个基本认识，才能对案例进行下一步的思考与讨论。

（二）独立分析：思考与剖析

对治理案例的全貌有了一个大致了解之后，接受培训的人员需要将自己置身于该案例所处的行政管理现实情况之中，带着问题阅读和理解案例，独立对案例所展现的情况进行分析。比较好的做法是：把问题记在心里，一边阅读一边寻找答案。阅读案例的时候不仅要阅读正文，还要根据提示阅读附录，边阅读边思考，如此才能进一步挖掘案例中的细节，对案例包含的公共管理手段有更深的体会。

问题意识很重要，以下提供一些提示性问题，作为案例分析的参考：

（1）谁是决策者？将作出怎样的决策？
（2）决策者的目标是什么？
（3）另一些重要角色是谁？
（4）他们的目标是什么？
（5）关键的问题是什么？
（6）客观环境（约束因素、机会和挑战）怎么样？
（7）决策者能够采取什么行动？将产生什么后果？
（8）如果你处在该位置会怎么做？为什么？

带着这些问题按照案例整理的逻辑框架进行学习，能够进一步理解该案例反映的具体情况。在案例分析中，要避免离题万里的空话套话，切忌脱离案例本身实际情况的主观臆断，可以结合自身所经历的实际情况进行分析。培训的目的在于提高运用基本理论分析和解决管理实际问题的能力，这就要求参与培训的人员能够透过现象看本质，从个别到一般，从实践上升到一定的理论高度来观察问题。不同的治理案例之间，学习者也应当有一定的自主意识将其联系起来，寻找不同案例间的共性，从而以提炼抽象性原则来作为自身工作开展的经验基础。

（三）小组讨论：互动与辩论

案例方法的本质在于通过学生之间的讨论将真实世界引入课堂，在有限的时间、有限的空间和有限的信息内造成一种"可控情境"，以便学生尽可能充分地观察、参与、学习、分析和表达。其中组织案例讨论是达成"可控情境"的最重要的环节。特别是针对公务员的培训，实际上，大部分参与培训的人员已经积累了一定的工作经验，在行政工作过程中也已遇过一些较为复杂或棘手的情况，相较于独立学习，小组讨论的形式更利于来自不同地区、不同岗位的公职人员交流自身的观点和经验，丰富对案例的理解，对自身的管理工作产生推进作用。

小组讨论的前提是参训人员都已经详细阅读了案例并提前思考了问题，组长可以先提示性地就阅读的情况进行检测，然后要求大家发表各自的看法。讨论有不同形式，但基本内容应包括6个步骤：

（1）发掘问题：对案例中显现和埋设的问题进行逐一罗列和陈述。

（2）分析问题：对每一个问题进行深入分析，分析其前因后果及连带影响因素等。

（3）提出解决方案：针对主要问题找出各种可行的解决方案。

（4）厘清人物线索：找到案例中的核心人物、关键人物和相关人物，分析每一个人物所扮演的角色及其影响，厘清案例中的人物线索。

（5）找出利害相关者：从影响的角度，找出与案例有关的各个利害相关者，分析各自的定位及其在不同解决方案中所受的影响。

（6）进行评价/总结经验教训：对案例的结果和其他可供选择的结果进行评价，并总结经验教训。

在讨论过程中有必要结合本教材所采用的逻辑框架，通过"实践背景"部分对治理案例的客观情景进行了解，从而将自己代入情境之中，形成"可控情境"。"具体措施"和"创新经验"两个部分都是对治理案例中的具体行政手段进行描述，因此，接受培训的人员应将注意力主要放在这两个部分，结合问题就案例呈现的行政实践进行讨论。不同观点与理解的碰撞，也有利于参与培训人员锻炼思辨能力与口才。

（四）自我总结：回顾与反思

采用治理案例进行教学的优势之一在于治理案例就是一面镜子，它能够通过重现和反映已经发生过的行政现象和事实，为参与培训的人员提供一个参照物。对于好的、正面的人和事，参训人员可以借鉴学习；对于坏的、负面的人和事，要从中吸取教训，时刻警醒。公务员可通过治理案例的学习来提高自身的素质，改进自己的工作。因此，对于教学过程中所使用的每个治理案例，受培训人员都应该及时进行自我总结，对案例进行回顾与反思，并结合自身的工作经历进行思考，如在自己的行政工作中，是否遇到过相似的问题，对此采取的解决措施的实践效果如何，与案例情况进行对比又存在着哪些不足。只有及时进行自我总结，才能够发挥案例教学促使参训人员反思改进的效果。

五、结语

在公务员培训中使用案例教学法，是积极的尝试。对于参加培训的公务员，利用治理案例进行教学能够尽可能地贴近其日常工作环境，案例与他们日常行政工作中遇到的难题、复杂状况有类似的情境。相对客观的治理案例能够产生相对真实的情境感，更适合公务员进行思考、分析与讨论。对不同地区、不同情境下的治理案例进行深入学习，能够让行政工作人员积累不同情况下处理不同问题的经验，同时对自身的工作进行及时的反思，提高自身的行政管理能力。

案例 1
强化人大监督功能，充分发挥人大职责

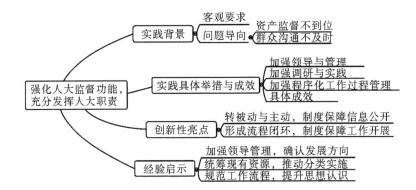

作为人民群众的代表、人民和政府之间的连结点，提出建议、批评和意见，是宪法和法律赋予人大代表的一项权利，也是其履行职责的一种重要方式，是代表人民行使国家权力的重要工作，是参与管理国家事务、管理经济和文化事业、管理社会事务的重要形式。与此同时，发挥人大对于政府工作的监督权也同样是代表人民参与国家事务管理的重要形式之一。充分发挥人大的监督权，是提升政府服务质量，保障政府工作有效运行的重要外部手段。在这里，我们选取中山市与惠州市两市的案例，就如何充分发挥人大的监督作用进行具体分析。

一、实践背景

（一）客观要求

发挥人大的监督权是政府工作的客观要求。从中山市的案例来看，中山市作为一个不设县区的地级市，镇属国有资产在城乡基础设施建设、公共产品与服务、保障基本民生等方面发挥着重要作用，它是全市人民的共同财富。探索并积极实施建立镇政府向镇人大报告国有资产管理情况制度，接受人民监督，十分必要。因此，2019 年，根据中共中山市委的统一部署，中山市人大常委会联合市政府，深入调查研究，精心部署，破题解困，在全省率先建立了镇政府向镇人大报告国有资产管理情况制度。这是镇人大在对镇财政预算和国民经济计划监督后，镇人大行使监督权力的又一重要举措。而在惠州市的人大案例中，人民群众的客观需要也使得当地人大必须改进自身工作，加强监督职能，以回应群众的需要。

（二）问题导向

1. 资产监督不到位

强化人大的监督功能是针对现实问题的必要之举。从中山市的实践看，镇人大监督镇属国有资产管理工作，是人大履职践责的重要抓手，能引导和推动地方人大加强对国有资产的管理监督，从根本上改变镇属国有资产管理主体不明确、管理机制不健全、资产底数不清晰、监督不到位的不利局面，中山市通过建立报告制度来尝试解决该类问题，为发挥镇属国有资产效能、完善国家治理体系和治理能力现代化的基层实践提供了可借鉴的实践经验。但是，从中山 18 个镇的实际情况来看，建立报告制度并非易事。一方面，镇人大自身建设较为薄弱、监督职能作用发挥不够明显；另一方面，镇属国有资产存在管理主体不明确、管理机制不健全、资产底数不清晰、监督工作不到位等方面的问题，管理监督的难度较大。对此，在中共中山市委的领导下，中山市人大常委会联合市政府，以问题为导向，深入调查研究，做了大量基础性工作，在全省率先全面建立镇政府向镇人大报告国有资产管理情况的制度，收到了良好效果。

2. 群众沟通不及时

在惠州市的案例中也可以发现，一直以来，代表建议办理工作重答复、轻办理，代表"被满意"的情况比较普遍，办理工作成效与

17

代表和人民群众的期望还有较大差距，少数领导干部和工作人员对办理工作的思想认识不到位，办理措施落实不到位等问题依然存在。这种状况既影响了代表和群众关注问题的有效解决，也影响了代表提出议案建议的积极性，制约了代表监督权的发挥。

二、实践具体举措与成效

（一）加强领导与管理

加强人大的监督职能，必须发挥领导的带头与协调作用，中山市人大为解决国有资产监督问题，建立各级政府向同级人大报告国有资产管理情况的制度，是党和国家要求加强国有资产管理的重要基础工作。2018 年中共中山市委出台《关于建立市政府向市人大常委会报告国有资产管理情况制度的意见》，明确要求从 2019 年起，要建立镇政府向镇人大报告国有资产管理情况制度（以下简称为"建立报告制度"），并从 2019 年初起，市人大常委会党组按照市委的统一部署，专题研究建立报告制度工作，常委会主要领导亲自抓、亲自谋划部署，常委会机关统筹协调，相关工委狠抓落实，为加快推进报告制度的建立奠定了坚实的组织保障。惠州市也同样在"四步工作法"中提出加强组织上的领导管理，明确工作流程，从而推进人大监督职能进步。

（二）加强调研与实践

中山市在实践过程中，充分强调调研的作用，从而吸取群众意见，并综合各方利益群体的相关建议，给出落实监督的制度性解决方案。2019 年 3 月，常委会分管领导带领专题调研组到 6 个镇调研镇属国有资产管理情况，采取实地察看、书面报告、座谈等形式，全面了解掌握镇属国有资产管理工作情况，征集了各镇建立报告制度的困难和意见建议，在掌握大量一手资料的基础上，形成了《中山市镇属国有资产管理情况的调研报告》《关于建立镇政府向镇人大报告国有资产管理情况制度的工作指引》，报市委并转发市政府研究。6月，经市委批准，市人大常委会、市政府联合召开全市推进建立镇政府向镇人大报告国有资产管理情况制度工作会议，市人大常委会和市政府相关领导同志亲自参加，专题部署建立报告制度。会后，各镇认真研究落实，积极筹划，市人大常委会相关工作机构加强对各镇的业务培训和工作指导。9月，全市18个镇都召开了镇人民代表大会，听取和审议镇政府书面综合报告和1个专项情况的口头报告。

（三）加强程序化工作过程管理

在惠州市的案例中，通过建立"四步工作法"强化人大的监督功能，以程序化的步骤落实人大监督职能的开展。近年来，惠东县人大常委会通过积极探索，将"四步工作法"确立为工作抓手，即在开展重点督办建议工作方面，牢牢把握"年初定计划、年中督查、年底测评、次年跟踪"四个环节，在督办落实上狠下功夫，以重点带动一般，以突破带动全局，推动代表建议办理工作取得更加实在的效果。下文将详细分析"四步工作法"的四个环节。

1. 统筹管理，合作督办

第一步，年初定计划，加强组织领导。每年年初县人民代表大会闭幕后，由县人大常委会选联工委对代表建议（含议案转建议，下同）进行认真梳理，与县人大相关专门委员会、县人大常委会相关工委及县府办、相关职能部门经过反复协调沟通，综合县委、县政府重大决策部署和中心工作，就代表和人民群众普遍关注的热点、难点、焦点问题，提出可以取得实际效果和产生较大经济和社会效益的建议，预判办理成效，拟出作为重点督办建议的初步意见，提交县人大常委会主任会议研究讨论。县人大常委会主任会议根据年度监督计划的重点方向以及预判建议办理成效，进行综合考虑，确定重点建议6～10件，分别由县长、副县长牵头领办，县人大常委会领导牵头督办，各相关专委、工委、办负责具体督办。如2018年，该县在中央环保督查工作中暴露出对养殖场管控和治理不到位的问题，为此县人大常委会将《关于加强养殖场整治和监管的议案》（转建议）列为当年的重点建议，相关工委在全年的监督计划中始终把该重点建议的办理工作贯穿于工作中，在开展西枝江水系水质保护和考洲洋生态环境保护专题调研的过程中，始终带着养殖场整治和监管的问题，做到调研与督办相结合、相促进，取得了较好的办理成效。

2．不定期督察，提升观念

第二步，年中督查，强化办理责任。县人大常委会主要领导亲自部署建议督办工作，分管领导带队负责具体实施。不定期开展代表建议办理督查活动，采取组织代表视察、调研、约见等多种方式随时掌握动态，帮助分析存在问题，及时提出意见建议。通过督办，提高各承办单位对办理代表建议的思想认识，端正态度，使其充分意识到人大代表提了建议就是自身工作存在不足，从而把代表建议的办理当作是加强、改进和完善自身工作的一项重要任务来抓实，真正在思想上实现由"要我办"变为"我要办"。如县十届人大五次会议提出《关于尽快解决村村通自来水工程通水到户问题的建议》，县人大常委会领导班子高度重视，主要领导和分管领导多次到实地察看建议办理情况，亲力督办、一线督办，提出的合理化意见建议均获得相关职能部门全部采纳，该建议的办理成效也获得领衔代表和附议代表的高度认可。通过重点督办，督促承办单位积极采纳代表建议，投入相应的人力、物力、财力，对能够解决的问题采取措施及时予以解决。对暂时不能解决的，从实际出发列入计划，积极争取并创造条件逐步解决。同时，把办理过程作为广泛了解社情民意、查找自身问题的重点途径，分析原因、制定政策、采取措施、改进工作，努力满足人大代表和人民群众对社会进步、经济发展和民生改善的新期盼、新要求。

3．量化测评，责任监管

第三步，年底测评，增强监督力度。每年年底，县人大常委会组织常委会部分组成人员、建议领衔及联名代表组成测评组，对重点督办建议办理情况进行满意度测评。建议办理工作满意度测评设置3个环节：一是听取承办单位对办理情况的汇报；二是测评组成员发表意见并提出问题，承办单位现场回应测评组成员提出的问题；三是测评组成员进行满意度投票表决，测评组成员对建议办理必须在"满意"

"基本满意""不满意"3个等次中表明一种态度，投票表决后，现场计票并公布表决结果。满意票占测评组成员有效票70%以上（含70%），测评结果为满意；满意票在70%以下、满意票和基本满意票之和占70%以上（含70%），测评结果为基本满意；不满意票占30%以上（不含30%），测评结果为不满意。测评结果为不满意的，承办单位须重新办理并答复代表，同时抄送县人大常委会选联工委，测评组在第一次测评两个月后再次进行测评，两次测评结果向县人大常委会报告，供县人大常委会审议代表建议办理工作情况报告时参考，并通过一定的形式向社会公布。县人大常委会将根据有关规定对不认真办理、办理质量差以及测评结果为不满意的单位进行通报批评；情节严重的，由有关机关组织依法追究承办单位负责人及有关责任人员的责任。

4. 事后跟踪，保障质量

第四步，次年跟踪，确保办理质量。为进一步强化代表建议办理工作的实效，不断提高代表建议的解决率和满意率，县人大常委会注重加强对重点督办建议开展"回头看"工作。具体是盯住不放建议办理工作满意度测评中被评为"基本满意"等次的建议，持续跟踪，开展跨年度跟踪督办。在跟踪督办中，以人大代表满意度为衡量办理工作的标准，以"量力而行、尽力而为"的原则督促扎实落实建议办理工作。如2018年县十届人大四次会议，代表提出《关于加强养殖场整治和监管的议案》（转建议），年初拟为重点建议，年中常委会领导、各工委组织代表多次以视察、调研、约见等方式进行推动。但该建议在年底仍然被评为"基本满意"。领衔和联名代表认为非法养殖场整治工作取得初步成效，但合法养殖场清理整治仍不见起色，并在2019年的人代会上专门就合法养殖场的监管问题提出建议，县人大常委会将该建议再次作为重点建议进行督办。在跟踪督办的过程中，县人大常委会农工委、环资工委对承办单位开展养殖场整治和监管工作给予了操作性很强的指导。县人大常委会分管领导也多次组织代表实地调研、研判形势、寻求对策，高效地推动了该建议办理工作。通过跟踪督办，大力推动惠东县实现畜禽养殖"科学规划布局、适度规模养殖、管理规范有序"的目标,促进了惠东县畜禽养殖业朝着规模化、标准化、生态化方向健康发展。该建议办理工作最终被评为"满意"。

(四)具体成效

在两市的实践中,当地人大监督职能的发挥都取得了良好的成效。

1. 中山市——落实监督职能,有效调动积极性

中山市建立报告制度后,引起了各镇的强烈反响,集中体现在"三个起来了":一是人大代表"热"起来了。代表参与审议报告的积极性空前高涨,多数代表都表达了对行使人大代表权力加强国有资产管理监督的要求和意愿,审议时提出了很多加强和改进国有资产管理的意见建议。比如,要求镇政府增强经营性资产管理和运营透明度,摸清家底,提高经营效益等。二是镇人大的监督"实"起来了。镇人大听取和审议镇属国有资产管理情况的报告,增添了年度第二次人代会的关键议题,丰富了自身的监督内容,推动了自身建设。三是镇政府"动"起来了。通过报告和审议,镇属国有资产管理方面的情况和问题由以前的"心知肚明"转变为现在的"公布于众",集中公开和发现了一批镇属国有资产管理方面的热点、难点问题,倒逼镇政府和职能部门增强对有资产管理的责任意识,有利于推动问题的逐步解决。

2. 惠州市——有效提升群众满意度,提高服务质量

"四步工作法"切实加大重点建议的督办力度,突出督办重点,有力地推进了代表建议的办理和落实,有效地提高了建议的解决率和代表的满意率,2018年确定的10项重点建议中,有5项重点建议办理的满意度测评结果为"满意",其中《关于加快推动地理标志产品申报工作的建议》的满意率为100%。2019年确定的6项重点建议中,有4项重点建议办理工作的满意度测评结果为"满意",其中《关于要求县政府出台规范中小学校(幼儿园)食品安全和营养健康监管制度的议案》(转建议)的满意率为100%。

三、创新性亮点

（一）转被动为主动，制度保障信息公开

从中山市的实践来看，在全省率先全面建立镇政府向镇人大报告国有资产管理情况制度，是基层人大监督工作的创新之举，是人大履职践责的重要抓手，能引导和推动地方加大对国有资产的管理监督，从根本上改变镇属国有资产管理主体不明确、管理机制不健全、资产底数不清晰、监督不到位的不利局面，为发挥镇属国有资产效能，完善国家治理体系和治理能力现代化的基层实践提供了可借鉴的实践经验。小榄镇人大通过开展这项工作，在监督企业转制和收益上缴情况方面做得扎实有力：一是充分发挥镇属国有企业自身经营管理优势，聚焦发展公用事业，践行社会责任，推动镇属企业转制、清算。目前，共完成转制、清算企业 70 多家。二是努力提高集体资产收益水平。2019 年，在镇人大的监督下，将"三鸟市场"通过拍租的方式推向市场（小榄镇工业总公司属下的农贸市场），并通过市场化经营手段、实现收益大幅增长，由原来的 300 万元增至 600 万元。2019年，镇属国有企业全年累计向镇政府上缴收益 1.84 亿元。

（二）形成流程闭环，制度保障工作开展

从惠东县的实践来看，代表重点督办建议"四步工作法"是"制定计划—加强督查—测评问效—次年跟踪"的正向闭环循环，基本解决了过去县、镇两级在代表重点督办建议工作中存在的交办不及时、协调督办力度不够、缺乏跟踪监督等问题，是对代表建议办理工作的一种探索和创新，具有较好的推广性和可复制性。"四步工作法"能让重点建议办理工作贯穿于人大年度监督工作计划的始终，让建议督办工作与日常的调研、检查、约见等监督方式更紧密地结合起来，增强承办单位的工作责任心，扩大代表对建议办理工作的参与度，使得代表建议办理的答复更认真，解决率更高，从而进一步提高

人大代表履职的积极性，有力地改变了过去的工作状态，促使代表提出高质量的建议，更好地回应人民群众关注的问题，发挥代表作用。

四、经验启示

（一）加强领导管理，确认发展方向

强化人大制度中的领导与管理能力，明确工作开展的方向，是增强人大监督职能的条件之一。

人民代表大会制度是中国特色社会主义的根本政治制度，是国家治理体系和治理能力现代化的重要组成部分。建立和完善镇人大监督镇属国有资产管理情况制度，是镇人大发挥基层根本政治制度职能，推动镇属国有资产管理体系和管理能力现代化的重要举措。

从中山市的实践看，注重党委领导和总体谋划相统一是必要举措，构建党委领导、人大主导、政府负责的国有资产报告制度是行之有效的。要坚持党委领导，工作中的重大问题和重要事项及时向同级党委请示报告，保证建立报告制度始终在党的领导下进行；坚持人大主导，市、镇两级人大科学谋划，统筹协调，实地调研，集中部署，分类指导，为建立报告制度提供坚强组织、制度保证；坚持政府负责，市、镇两级政府积极配合，事前起草报告，事中收集、研究代表意见建议，事后跟进整改落实，为建立报告制度提供各项保障。

在惠东县的实践中，也可以观察到人大对其领导职能的强化。进一步加强对代表建议办理工作的领导，要突出领导的带头示范作用，重点建议督办工作由人大常委会领导亲自挂帅、亲自督办，把跟踪监督贯穿于办理工作的全过程，并且要对每一项重点督办建议"回头看"，确保办理成果长久有效。

（二）统筹现有资源，推动分类实施

中山市在实践中，坚持实事求是、先易后难、分类施策，这也是其取得成功的经验之一。因各镇国有资产的分布、存量、数量、规

模、种类等都不相同：有的经营性国有资产规模大，有的小；有的有金融类国有资产，有的没有；有的自然资源资产十分丰富，有的较为贫瘠和单一；有的资产所有制权属清晰、有的还不清晰；等等。因此，中山市从实际出发，坚持问题导向，根据经营性国有资产、金融类资产、行政事业性国有资产和自然资源资产的管理状况，采取先易后难、分类报告、逐步完善的办法，将镇属国有资产报告的内容和报告的周期筹划好，把重点放在反映各类资产管理的现状、规模与效益，经营性资产保值增值，管理制度与措施，重大资产处置和安排等方面上，逐步扩大报告范围，逐步充实报告内容。

（三）规范工作流程，提升思想认识

两市推动人大监督职能落实的成功案例还显示，需要坚持全面规范、公开透明、责任明确、监督有力的工作目标，同时不断提升人大代表的思想认识。

在中山市的实践中，建立报告制度对于基层人大是一项全新的工作。预算监督是对政府资金归集和使用方面的流量监督，国有资产管理情况的监督则是对政府资产存量绩效情况的监督，但不管是何种形态的监督，人大与政府的目标是一致的，都是为民理好财、管理好资产。因此，形成一整套行之有效的工作制度和工作机制，是确保人大监督取得成效的关键。各镇结合自身实际，适时运用镇人民代表大会讨论决定重大事项或镇人民代表大会监督工作办法等形式，建立报告制度，将镇属国有资产管理情况报告内容细化安排到届内各年份，按照全口径、全覆盖、全方位的要求，以公开透明、分工明确为目标，积极开展相关工作。

在实践中，惠东县在思想上进一步提高对代表建议办理工作的认识，特别是提高政府相关职能部门对办理代表建议重要性的政治自觉和行动自觉，树典型正面案例，与组织部门紧密联系，争取把建议办理工作纳入部门和干部绩效考核体系，把建议办理工作的效果细化、量化，从而进一步提高代表建议的内容质量，把好入门关，把工作做在前头，做在平日里，积极向代表介绍本地区的中心工作，引导代表

对日常履职收集到的社情民意做好提炼总结，让代表所提的议案建议更贴近上级的大政方针，从而提高内容质量。

案例2
勾勒"同心园"，推进党建工作

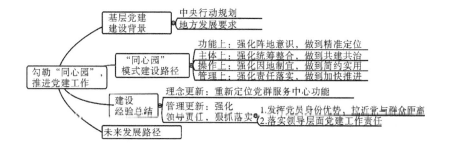

基层党建工作能够有效地实现党中央下达的各项任务，因而推进各项党建目标任务的落地落实，离不开基层党建的建设及运作。为了推进中山市镇级党建工作提质创优，打赢经济翻身仗，各级领导经过研究、讨论与协商，对基层党建工作提出了具有针对性的工作部署。该部署目标明确、措施清晰、时间具体。尤其是中山市有关镇街级政府所开展的"同心园"式党建模式，有效支撑基层党建的开展，在服务层面上更多地争取到人民群众对于党建引领的认同，在抓好落实的基础上，努力创先争优。

针对基层党建工作的实际要求，中山市奉行"守正出新"的组织工作原则。"守正"，就是要做到"五个坚守"，即坚守习近平新时代中国特色社会主义思想、新时代党的组织路线、组织工作的初心、公道正派的政治品质、忠诚干净担当的职业操守；"出新"，就是要做到"五个找准"即找准组织工作的"五个新"——新要求、新机遇、新抓手、新方法、新坐标。根据这一新要求，中山市各级部门凝聚狠抓落实的强大合力，全力以赴投入工作，展现新担当、实现新作为，推动各项工作实现新突破，共同开创中山市基层党建工作新局面。以"同心园"党建模式落实基层党群服务中心的建设，在完善基层服务的同时，构建党性的宣传场所，搭建具有"党味"的环境。

一、基层党建工作背景

推进党群服务中心建设是一件具有必要性的任务，只有建设好基层党建，才能更好地适应中央任务，才能更好地保障社区社群的党建服务，从而唤醒群众心中的"党性"意识，以外在服务反哺于内在精神环境的建设，从而在内外两方面实现党建工作开展的目的，这既是中央工作任务的要求，同时也是地方实践的需要。

（一）中央行动规划

在《关于加强和改进城市基层党的建设工作的意见》中，党中央明确提出要"整合党建、政务和社会服务等各种资源，统筹建设布局合理、功能完备、互联互通的党群服务中心"① 的工作任务，2021 年是三年行动计划的收官之年，加快推进党群服务中心实体化功能化建设，提升阵地建设水平是强化党的建设的必要举措。因此，有效推进基层党建工作的开展是中央行动规划中的关键一环，中山市高度关注基层党建工作任务，也是遵循党中央的发展方向规划的实践举措。

（二）地方发展要求

中山市处于粤港澳大湾区腹地，是一座均衡发展、基础厚实的城市，要谋求地方发展最重要的就是加强党的全面领导。党群服务中心是服务群众的地方，其建设工程是贯通"最后一公里"组织体系的标志性工程，必须建好。作为基层党建工作开展的实践地点，党群服务中心发挥着直接联系党与群众的纽带作用；作为基层党建的"门

---

① 中共中央办公厅：《中共中央办公厅印发〈关于加强和改进城市基层党的建设工作的意见〉》，见中国政府网（http://www.gov.cn/xinwen/2019 – 05/08/content_5389836.htm），2021 – 08 – 31。

面"，中山市各级领导将建设党群服务中心作为工作重点之一；努力做好硬件设施和软性服务的提升，也是中山市地方发展的要求。

二、"同心圆"模式建设路径

基层党群服务中心建设的重要性已经在意识上得到了充分的认识，然而，如何进行建设是一个更值得关注的问题。中山市有关部门领导对此提出"四个强化，四个做到"的具体措施来推动基层党群服务中心的建设，并同时设立了相关的要求与标准。

（一）功能上：强化阵地意识，做到精准定位

过去对党群服务中心的定位存在错误认识，这样的偏差也会潜移默化地造成群众对于基层党建工作的不理解。一部分群众认为党群服务中心只是组织部门设的平台，与新时代文明实践中心、综合文化中心、综治信访维稳中心等是平行关系。有时候问一些群众遇到困难会去哪里寻求帮助，经常回答说去村委会；其实这是不对的，村委会是自治组织，不是党组织。简要地说，党群服务中心功能定位是三个阵地：一是党和政府在基层的执政阵地，党和政府的工作在基层的实际开展需要来自党群服务中心的配合。二是基层党组织领导各类组织和各项工作的领导阵地，有效发挥党的领导作用需要依靠党群服务中心的建设。三是坚持以人民为中心，联系服务群众的主要阵地。要把握好党群服务中心的功能定位，把党群服务中心打造成为党员群众认识、认可、认同的阵地。使"以前村民群众遇到问题困难第一时间是去村委会、去找村干部，现在大家首先想到的是找村党委、找党群服务中心"[①] 的共识变为可能。

---

① 参见《中山年底前建设超 300 个党群服务中心》，见中国基层党建网广东频道（https://www.gd – chinajcdj.org/portal/article/index/id/3700.html），2021 – 08 – 31。

（二）主体上：强化统筹整合，做到共建共治

一是要牢固树立"同心园"和共建共治共享的理念。上面千条线，下面一根针。党群服务中心是镇区和各部门在基层共同的阵地，这个阵地既不是组办的，也不是宣传办、政法委、工青妇等某个部门的，而是党和政府在基层的执政阵地，应由各部门和社区、居民一起建，有活动大家一起办，有成果大家一起享。"同心园"式党建即意味着以党建为核心向外扩散至每一个主体，实现多主体参与的共享共治，这种模式有效打破了传统治理模式中各主体间的线性关系，扩大了党群服务中心这个基层阵地的辐射范围，更好地囊括多主体参与。

二是要统一外观和健全规范挂牌长效机制。中山市的现场会明确各部门都可以进入党群服务中心，但必须执行统一的标准规范。规范后大门口最多只挂4块牌子，即党组织、自治组织、村（居）务监督组织、经济组织的牌子。各部门如果确有必要挂牌，要么挂室内门口，要么统一放在房间里面，但必须统一规格。

三是要统筹服务活动资源。落实党委统揽、组织部门牵头、社区直接推动、各部门协调共建的工作机制，大家一起"大合唱"、心往一处想、劲往一处使。统筹宣传、统战、自然资源、住建、财政、民政、农业、人社、卫健、市场监管、司法、工青妇等有关部门职能优势，充分发动社区有关企事业单位、社会组织、党员群众、志愿者等广泛参与。只有高效利用现有资源，才能更好地实现多主体的参与。

（三）操作上：强化因地制宜，做到简约实用

一是在场地选址上要创新思路。党群服务中心建设有很多种模式，中山市《全市村（社区）党群服务中心工作指引》（以下简称《工作指引》）中提出了单体式、组合式、总分式3种模式，实际工作中可能还有更多的模式。不要有思维定式，要根据各社区的实际，该用哪种模式就用哪种模式，做到宜建则建、能改则改。哪种模式更贴合人民群众的真正需要，更有利于基层工作的开展，就要选取哪种模式，切不可局限于单一模式。

二是在规划设计上要务实管用。要避免不切实际的高档装修、盲目追求"高大上"。真正沉下心去思考本社区到底要建成什么样的党群服务中心，该怎么管、怎么用、采取什么措施才能够真正把党群服务中心建设成为"党建实事"和"民心工程"，要切实让门牌上的功能都"照进"现实。党群服务中心的核心在于"服务"，服务环境不要求彰显奢华，重点是打造人性化的环境。应思考怎样建设才更符合本社区居民的需要，按照实际要求进行建设即可，过分追求高档容易陷入形式主义的陷阱，装修高档并不与服务质量高挂钩，要避免因过分强调硬性条件而造成劳民伤财的不良后果。

三是在服务功能上要紧贴实际。每个社区的经济发展、历史人文、自然资源、人群结构等都有所不同，因此在服务功能配备上要充分考虑实际，群众需要什么服务就提供什么服务，不能千篇一律。满足群众要求始终是服务的根本目的。同时，对于基层工作人员也应当做好相关培训工作，仪容仪表及相关礼仪也应当进行标准化建设。

（四）管理上：强化责任落实，做到加快推进

一是要建好。各社区要认真研究部署，找准定位、摸准需求，明确责任、做好方案，细化措施、倒排工期，各镇将一个月调度和通报一次各社区的工作进度。经费方面，采取"党费给一点、财政拨一点、基层投一点、社会筹一点"的办法予以保障。希望各社区积极主动想办法，加强资金保障，确保资金使用安全，确保工程质量和进度。资金的使用不光要安全，也要合理，如何以有限的资金完成尽可能高质量的建设，这是需要思考的问题。

二是要管好。一要加强人员管理。健全社区党群服务中心领导机制，由党委书记兼任中心主任，选聘一名年轻有培养潜力的"双本"（本地人、本科生）人员担任专职副主任，负责日常管理。每天都要安排一名两委班子成员值班，现场协调解决问题。二要加强资金统筹使用。现在市若干部门对社区有一定经费支持，市、镇将进一步加强资金的统筹使用，切实提高资金使用效益，把钱用在群众最需要的地方。三要加强管理制度建设。《工作指引》已经明确了每间功能室相

关的上墙制度，本着"谁使用、谁负责"的原则，培养社区居民的自我管理意识，促进社区党员群众有序参与、合理使用、友好共享，把党群服务中心集聚起来的"人气"转化为管理的"合力"。

三是要用好。党群服务中心的生命力在于服务和使用上。党群服务中心不能只建不管、建而不用，要防止"轰轰烈烈"地建、"散放散养"地管和用。要建立一套有效的运营管理模式，引导树立"搞活动找中心"的意识，动员各方共同参与，用好、用活党群服务中心。不能只做面子工程，而要使党群服务中心真正发挥它的实效。

三、建设经验总结

2021 年的基层党建工作任务重、时间紧、标准高、要求严，即便如此，中山市政府依然交出了一份令人满意的答卷。及时做好相关工作的经验总结能够帮助反思工作过程，从而更好地开展未来的工作。

（一）理念更新：重新定位党群服务中心功能

过去，对党群服务中心功能的认识往往存在着单一性和局限性，认为其仅仅是一个服务场所，因而在党群服务中心的建设问题上往往只注重硬件设施的改善，这种认识显然是不充分的。在中山市基层党建工作的建设过程中，理念更新是关键的一环。需要认识到党建服务中心的功能，一是提供硬件设施，二是供给软性服务。但更重要的是，需要认识到它在思想引领和党性意识建设上可发挥的作用，党建引领功能是党建服务中心的第三大功能。因此，不能将思路局限于服务这个层面，应有更加全面的认识。

在这一思路的引领下，中山市村社级单位严格按照《工作指引》的要求，坚持功能化、实体化、标准化、规范化、信息化的标准，对社区党群服务中心进行升级改造，从硬件和软件上全面提升中心外观和服务管理水平，突出党建引领，党群同心共建、共治、共享，着力提升民生福祉。

在硬件设施建设上，按照"一个同心园、两个主体、三个作用、四个统一、五个标准化"的要求，投入50多万元，对原有912平方米的行政办公楼进行全面升级改造。一是改善外观，增加红色宣传，对外墙作翻新美化处理。二是对室内作合理划分及整合，配备办事大厅、两委干部办公室、班子会议室、党群会议室、"同心园"党群共建室和便民服务室，完善上墙制度，提升室内装修品位。三是做好宣传推广，开设"村社级社区党群服务中心"微信公众号，定时进行政策宣传，同时制作办事流程及服务指引宣传小册子，供群众查阅，提高群众知晓度。

在软性服务提供上，社区党群服务中心常年开展各类群众喜闻乐见的教育活动，包括亲子早教课、老年人学堂、女性素质提升班、就业技能培训等，以多元化的服务满足群众多样化的需求。全年开展线上线下各类培训及活动150场次，受惠党员、群众5万人次，尤其是在春节期间，推出了一系列新春活动，让来自五湖四海的群众就地过年，年味不减，安心安全过好年，为居民群众送出应节礼品600多份，让他们度过一个欢乐、祥和、安全、和谐的新春佳节。丰富党群服务中心的服务功能，可更好地强化党群服务中心的服务功能。

除此之外，更重要的是，党群服务中心应在基层有效发挥党建引领工作的影响力，唤起基层党员对于党员身份的意识，让群众了解党在哪里，从而更加相信党、依靠党、跟随党。党群服务中心的建设是填补欠账、开创新局的重要抓手。党群服务中心不只是行政办公室，也不只是服务场所，而是党建引领实质化的区域。党群服务中心的建设，关键是要提升"党味"，唤起党性意识，宣传党的理念，在党群服务中起到润物细无声的效果。党群服务中心应成为基层隐性的党性宣传场所，只有认识到这一点，才真正做到理念更新，明确党群服务中心的功能。

（二）管理更新：强化领导责任，狠抓落实

在实践层面上，中山市镇街级党群服务中心的建设从管理视角出发，重新调整管理方针，加强领导，狠抓落实，同时充分发挥党员的先锋模范作用，拉近党与群众间距离，从而保障基层党建工作能够高效、顺利开展。

1. 发挥党员身份优势，拉近党与群众距离

党员是党与群众之间一个重要的联结点，有效发挥党员在基层党建中的领导作用能够更好地实现党群服务中心潜移默化影响群众、增强社区"党味"、增强群众对党的了解的作用。党员积分制管理是践行新时代党的组织路线和落实全面从严治党的重要举措，各基层党组织要高度重视，切实加强对此项工作的领导，坚持全覆盖、常态化，重创新、求实效，做到务实管用、分类施策、公平公正公开、强化结果运用，真正把考核结果作为年度党支部民主评议党员和评先选优的主要依据。同时，各基层党组织还要及时提炼先进经验做法，加强学习交流，提升党员积分管理工作质效，逐步形成党员管理长效机制。通过开展此项工作，如实反映和纪实党员参与政治学习、参加组织生活、发挥先锋模范作用等情况，并进行积分量化和等级评定，促使党员肩上有责、争先有标、行为有尺、考核有据，不断增强党性，提高履职素养，进一步激发全镇党员教育管理工作"新动能"。

同时，需要加强阵地建设，充分利用党群服务中心这个平台，让党员亮身份联系群众、服务群众、教育群众，参与社区中心任务及各项服务。在宣传教育方面，社区可重点培养一批以党员、预备党员及入党积极分子为主的宣讲队伍，让他们在党群活动中发挥中坚力量，加强对群众的宣传教育，重点宣传教育红色文化、传统文化，让中华优秀传统文化深入民心，促进乡风文明建设。在志愿服务方面，让党员扎根基层一线参与疫情防控、乡村振兴"五美行动"、人居环境整治、无偿献血等服务，推进安全服务、文化服务、法律服务等进社区、进厂企、进校园、进家庭。

2. 落实领导层面党建工作责任

除了重视党员层面与群众的联系，也需要在党建工作的领导层面狠抓党建主体责任，确保基层党建工作的实践开展。

为此，要层层压实党建工作责任。各基层党组织要认真履行抓基层党建的主体责任，特别是书记要身先士卒，躬身实践，要像总书记要求的那样，重要工作亲自部署、重大问题亲自过问、重要环节亲自协调、落实情况亲自督查。负责政工的同志以及党务工作者，更要守土有责、守土担责、守土尽责，深耕细作，把自己的"一亩三分地"种好。

在领导思维上，也应当要进一步创新理念方式方法。要进一步增强创新意识，破除因循守旧的思想，跳出固化思维，坚持继承创新、守正创新、探索创新。以推行党员积分制管理为抓手，加快推进模范党支部创建行动；以党群服务中心实体化、规范化建设为"园心"，以基层党建创新典型案例征集活动为"起点"，以党员作用发挥为"半径"，创新创优，共同打造党建示范镇的"同心园"。要强化示范引领，尽快推动建设一批基层党建示范点和模范党支部，发挥辐射作用，带动整体提质，着力培育和打造具有当地特色的基层党建工作品牌。

四、未来发展路径

在实践上积累了一定的经验后，未来中山市基层党建工作一要针对当前工作进行及时的反思，查漏补缺从而做出相应的工作改进，二要总结相关经验，形成可借鉴、可推广的成型的工作模式，并进行相应的宣传。

总结是一种好方法。小总结有小收获，大总结有大收获，不总结就没收获。要加大总结力度，善于发现、总结基层新鲜经验，宣传基层党建的好做法，营造大抓基层、创新提质的浓厚氛围。要结合主题实践活动，加强调查研究，及时发现基层党建中的突出问题，做到立行立改，确保各项任务扎实推进、取得实效。从而为未来基层党建工作的进一步开展积淀经验。

案例3
善用特区立法权，推进创新性法规建设

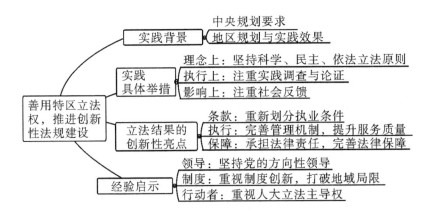

作为我国改革示范区，经济发展的重点地区，粤港澳大湾区建设始终是我国区域发展的重大议题。为了进一步贯彻落实习近平总书记的重要讲话精神，推动澳门经济适度多元发展，便利港澳要素跨境流动，服务粤港澳大湾区建设，珠海市据《粤港澳大湾区发展规划纲要》（以下简称《规划纲要》）的政策授权，率先出台《珠海经济特区横琴新区港澳建筑及相关工程咨询企业资质和专业人士执业资格认可规定》（以下简称《认可规定》）。该法规从横琴改革实践的需要出发，通过备案取代许可，允许港澳建筑领域企业和专业人士在横琴新区直接提供服务。这是首部地方运用特区立法权，为粤港澳大湾区建设提供法治保障的创新性法规，为横琴新区在相关领域的改革创新提供了法律依据和制度保障，为全省和全国逐步推出更多试点项目及开放措施积累了经验。正是有了特区立法权的权力下放，横琴新区才能够以更贴合本地实际需要的法律法规推动本地创新实践的发展。

一、实践背景

（一）中央规划要求

建设粤港澳大湾区是习近平总书记亲自谋划、亲自部署、亲自推动的国家战略，"既是新时代推动形成全面开放新格局的新尝试，也是推动'一国两制'事业发展的新实践"。《规划纲要》作为指导粤港澳大湾区建设的纲领性文件，明确要求"扩大内地与港澳专业资格互认范围……推动内地与港澳人员跨境便利执业"，"在深圳前海、广州南沙、珠海横琴建立港澳创业就业试验区，试点允许取得建筑及相关工程咨询等港澳相应资质的企业和专业人士为内地市场主体直接提供服务"[①]。为贯彻落实习近平总书记视察广东重要讲话精神，服务和促进澳门产业多元化发展，顺应横琴改革探索的实践需要，珠海市依据《规划纲要》的规定，率先运用经济特区立法权，允许取得港澳建筑领域企业资质及专业人士资格的部分主体经备案在横琴直接提供服务，具有创制性。该项立法是全省首部明确引进港澳企业和专业人士到内地直接执业服务的地方性法规，是珠海市运用经济特区立法权为粤港澳大湾区建设提供法治保障的先行先试探索，是将国家相关改革措施予以法制化的大胆尝试。赋予经济特区相应的特区立法权，是保障地方不断进行创新性改革的需要，也是国家进行区域性改革的要求。

（二）地区规划与实践效果

随着粤港澳大湾区建设和深圳中国特色社会主义先行示范区建设这两大国家战略的深入实施，珠海市立法工作迎来新的形势、任务和要求。如何用足用好经济特区立法权，以立法创新推动体制机制创

[①] 中共中央、国务院：《中共中央 国务院印发〈粤港澳大湾区发展规划纲要〉》，见中国政府网（http://www.gov.cn/gongbao/content/2019/content_5370836.htm），2021－08－31。

新，是珠海市人大常委会承担的一项重要任务。在中央的方向性政策规划背景下，地区同样需要想办法将中央的要求规划与本地实践结合在一起，合理利用中央赋予的权力保障地方的发展要求。为全力保障横琴新区改革创新，支持澳门产业多元发展，2019 年 9 月 27 日，珠海市人大常委会审议通过《认可规定》，于 2019 年 12 月 1 日起施行。该法规实施半年来，已有 12 家澳门建筑类企业、2 家香港建筑类企业取得了《港澳建筑及相关工程咨询企业备案认可书》，31 位澳门专业人士、18 位香港专业人士取了《港澳建筑及相关工程专业人士备案认可书》。《认可规定》的出台切实为横琴新区在相关领域的改革创新提供了法律依据和制度保障，为全省和全国逐步推出更多试点项目及开放措施提供了探索经验。

二、实践具体举措

《认可规定》是珠海市人大常委会 2019 年立法计划项目，法规草案由横琴新区管委会组织起草，由珠海市政府提请市人大常委会进行审议，是珠海市经济特区合理合规使用特区立法权，推进地区创新性立法能力、保障地区发展活力的一次重要实践。在此，先对该实践的具体举措进行相应的介绍，如此才能更好地总结经验，为模式的范围型推广做实践基础。

（一）理念上：坚持科学、民主、依法立法原则

立法过程首先受到立法理念的深度影响，推动创新立法的前提是应遵循一个良好、健康的立法理念。审议期间，珠海市人大常委会严格贯彻了科学、民主、依法立法的原则：坚持法制统一，重大制度创新及时向上级请示汇报。市人大常委会分别赴全国人大常委会、住房和城乡建设部、省人大常委会、省住房和城乡建设厅就主要制度进行请示汇报，得到支持和指导。即便特区立法权给予了地方较大的自由度，可以使地方政府更加贴合地区实际情况进行区域立法，但较高的自由裁量权并不意味着毫无底线，地区政府应当深入理解中央的指

示，坚持以法律为基本底线，坚持为人民服务的思想，在科学、民主、依法的底线之上追求地区立法的创新性，为地区发展增添活力。

（二）执行上：注重实践调查与论证

1. 注重社会各方意见

在立法过程中，市人大充分听取港澳业界的意见建议，力求了解并综合各方利益群体的意见。为此，相关部门赴澳门、香港进行专题调研，分别与澳门工程师学会、澳门建造商协会、中国法律服务（澳门）公司和业界代表，香港发展局及屋宇署、建筑师事务所商会、测量师学会、规划师学会、园境师学会、建筑师学会、顾问工程师协会、工程师学会、香港新创建集团、中国法律服务（香港）有限公司、中国委托公证人协会有限公司等有关代表进行座谈，并书面征求对草案修改稿的意见。跨地域、跨行业对利益相关者进行实地采访与调研，使法规内容能够尽可能照顾多方利益，实现利益最大化。

2. 注重立法科学性

对于法规的相关内容，在立法中也应当注重科学论证的过程，深入开展制度研究，细致对比内地与港澳相关法律规定。在横琴新区的创新立法实践中，除了在内部加强立法队伍的专业化建设，提高法规质量，也注重借用外脑，充分发挥立法顾问、港澳法律顾问公司和专家学者的作用。召开法规表决前论证会，对主要制度的合法性和可行性进行深入研究。只有了解多方面信息，保障法规的切实可行性，才能够提高法规的科学性，发挥创新立法的实际效果。

（三）影响上：注重社会反馈

除了在立法过程中参照相关专家学者、专业性人士的意见，也应该向法规的普遍适用对象、向社会广泛征求意见，了解法规真实的社会反馈。市人大相关部门针对本次创新立法实践，书面征求了市委台港澳办、市大湾区办、市政协办等市直有关部门的意见；征求全体市人大代表意见，并在《珠海特区报》和珠海人大门户网站征求社会意见。在此基础上，市人大常委会法工委会同相关部门对草案进行了反复研究修改。由此可见，本次立法是建立在专业人士的综合意见以及人民群众的反馈的基础上。

三、立法结果的创新性亮点

通过广泛了解群众需求，征求专业性意见，进行民主、科学立法之后，横琴新区创新性立法的实践是成功的、具有亮点的。《认可规定》围绕推动港澳建筑及相关工程咨询企业和专业人士在横琴便利执业、有序服务的立法目的，从适用范围、执业条件、备案管理、服务模式和行业监管等方面进行明确。本次立法结果在实践中表现出不俗的创新性亮点，通过对《认可规定》的实践结果进行分析，有助于更好地观察以特区立法权为大湾区建设提供立法保障的作用与成效，由此更好地推动创新性立法在其他地方的推行。

（一）条款：重新划分执业条件

为了使港澳相关专业人士能够在横琴便利执业，《认可规定》对于执业条件重新进行划分，确定资质认可试点领域和适用范围。目前，进入内地的港澳建筑服务业主要是采取框架下的准入方式，即港澳建筑企业和专业人士通过资格互认或申请取得内地资质才可在内地执业。《认可规定》根据《规划纲要》的要求和广东省住建厅的批复精神，明确取得香港、澳门建筑及相关工程咨询资质的企业和执业资格的专业人士，具备规定条件并经合法备案，可以在横琴新区范围内为市场主体直接提供服务。即在横琴范围内，单方认可港澳建筑企业和专业人士在港澳获取的资质或资格，相关行政主管部门对其服务活动予以认可并办理相关许可手续。

除了放宽港澳建筑工程业的适用范围要求，在规范执业条件要求上也有所放宽。《认可规定》遵循《规划纲要》关于"试点允许取得建筑及相关工程咨询等港澳相应资质的企业和专业人士为内地市场主体直接提供服务"① 的试点方向，没有重新设定港澳企业和专业人士的从业资质，而是明确了在横琴新区直接提供服务的港澳企业和专业人士的条件要求，旨在引进具备较高服务能力的优质执业主体。在试点探索阶段，允许纳入港澳专业协会登记注册名录或政府注册名录的企业和专业人士进入横琴，并对港澳企业和专业人士的执业条件做出明确规定。

（二）执行：完善管理机制，提升服务质量

1. 管理：备案管理，加强信息管理

在法规的具体实行过程中，首先在管理制度上应进行相应的完善机制，实施备案管理制度。依据《规划纲要》以及《国务院关于支持自由贸易试验区深化改革创新若干措施的通知》中关于允许具有港澳执业资格的建筑、规划等领域专业人才，经相关部门或机构备案后，按规定范围为自贸试验区内企业提供专业服务的规定精神，《认可规定》在推动港澳人员跨境便利执业的同时，加强规范管理，设置备案管理制度：符合条件的港澳企业和专业人士在提供服务前，应当经横琴新区建设主管部门备案；授权横琴新区管理机构制定备案办法；未经备案提供服务的，行政主管部门不予认可。

2. 服务：创新服务，完善服务种类

法规的目的之一在于提升服务质量，因此，创新执业服务模式也是法规具体执行的重要一环。内地法律规定建筑企业和专业人士只能在资质等级许可范围内从事建筑活动，因港澳企业和专业人士的从业资格等级及范围无法和内地完全对应。为实现港澳与内地制度的有效衔接，《认可规定》从几个方面作出变通和明确：一是横琴建设主管部门对予以备案的港澳企业和专业人士，根据其在港澳注册范围和业绩，备注其业务范围，并向社会公布；二是港澳企业和专业人士应在备注的业务范围内提供服务；三是港澳专业人士直接提供服务应当加

---

① 中共中央、国务院：《中共中央 国务院印发〈粤港澳大湾区发展规划纲要〉》，见中国政府网（http://www.gov.cn/gongbao/content/2019/content_5370836.htm），2021 - 08 - 31。

入已在横琴新区备案的港澳企业或者具备相应资质的内地企业；四是专业人士提供需要加盖内地执业印章的服务时，由港澳专业人士签字并加盖其所加入企业的公司印章。

（三）保障：承担法律责任，完善法律保障

做好法律责任的衔接，按照内地法律，降低资质等级或吊销资质、资格证书的行政处罚，由颁发资质证书的机关实施。鉴于港澳企业和专业人士获取资格证书均在港澳，当发生依照内地法律应当降低资质等级或吊销资质、资格证书的严重违法情形时，《认可规定》采用撤销备案和一定期限内不再受理备案申请的方式，对处罚方式进行变通。此外，在建筑质量责任担保方面，《认可规定》规定咨询或者设计类企业须购买保险范围覆盖横琴的职业责任专业保险，为服务质量提供保障，同时减低港澳企业的服务风险。

四、经验启示

横琴新区成功的立法经验展现了特区政府合理利用特区立法权进行创新性立法、保障地方发展活力的实践，因此需要及时对此进行经验总结，从而为更大范围内的经验推广做好基础。习近平总书记指出，中国特色社会主义实践向前推进一步，法治建设就要跟进一步。[①] 建设好粤港澳大湾区，关键在创新，勇于解决体制机制障碍和法规制度束缚，注重用法治化市场化方式协调解决大湾区合作发展中的问题，让创新的动力充分涌流，让市场主体活力充分展现。通过这次创新性立法，珠海市人大常委会进一步认识到，在服务促进大湾区建设的进程中，立法工作大有可为、责任重大。主要启示有以下三点。

---

① 习近平：《推进全面依法治国，发挥法治在国家治理体系和治理能力现代化中的积极作用》，载《求是》2020 年第 22 期，第 4 - 7 页。

（一）领导：坚持党的领导

坚持党对立法工作的领导，建立改革决策与立法决策相衔接的机制。坚持党对立法工作的领导，即要把立法工作纳入改革发展的大局中一体谋划、一体部署、一体推进，在作出重大改革和重大决策时同步研究立法保障的问题。建立改革决策与立法决策相衔接的机制，即要发挥好政府在立法中的依托作用。树立"凡属重大改革都要于法有据"的法治思维，依据政策授权，提高运用立法破解改革发展难题的意识和能力，在制定改革方案或作出重大改革决策时，同步研究确定需要通过经济特区立法权对现行法律法规进行变通规定的事项，及时研究提出立法需求清单。

（二）制度：重视制度创新，打破地域局限

为大湾区提供法律保障也应该把制度创新、规则衔接摆在推进粤港澳大湾区建设的突出位置。粤港澳大湾区具有"一国两制"、三个法域、三个关税区的特点，大湾区建设对外应该最大限度地发挥"一国两制"当中"内制"的优势，对内应该尽量减少因为"两制"差异而造成的制度障碍，这其中蕴含了大量需要创新突破、先行先试的制度建设需求。为此，应当以制度创新为核心，以推进规则相互衔接为重点，进一步解放思想、积极探索、大胆尝试，勇于解决与发展不适应的体制机制障碍和法规制度束缚。全面加强粤港澳合作立法保障，在法治轨道上推进粤港澳大湾区建设。

（三）行动者：重视人大立法主导权

在立法行动者上，切实发挥人大在立法中的主导作用，积极作为、主动担当。习近平总书记强调，要"健全有立法权的人大主导立法工作的体制机制，发挥人大及其常委会在立法工作中的主导作

用"①。立法是宪法和法律赋予人大的法定职权，人大作为立法机关，必须在立法中发挥统筹协调作用，特别是统筹立法进程的作用。只要中央、省委和市委有要求，现实有需要，群众有期待，就要在保证立法质量的前提下，加快立法节奏，加大工作力度，主动选题立项，积极推进起草及审议工作，广泛深入调研，积极听取各方意见，善于借用外脑，针对改革开放、加快发展、服务民生中的难题，提出决策建议，确保改革发展稳定急需的法规及时出台和完善。

---

① 参见《中共中央关于全面推进依法治国若干重大问题的决定》，见中国政府网（http://www.gov.cn/xinwen/2014－10/28/content_2771714.htm），2021－08－31。

案例 4
推进粤港澳司法衔接，提供有力司法保障

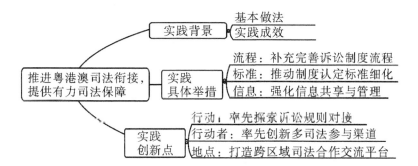

自 2015 年挂牌成立以来，南沙自贸区法院立足南沙"三区一中心"建设需求，深化涉港澳审判机制创新、拓展粤港澳司法交流合作渠道，率先开展 N 项诉讼规则对接探索，创新 4 种港澳人士司法参与渠道，打造 2 个粤港澳司法合作交流平台，全力提升自贸区审判国际公信力，为南沙推进粤港澳深度合作示范区和粤港澳大湾区建设提供有力司法保障。可以说，利用"N + 4 + 2"法则推进粤港澳司法衔接是深化粤港澳三地间司法合作的关键举措，为南沙自贸区的运行贡献了宝贵的法制建设经验。通过分析以南沙区"N + 4 + 2"法则为代表的粤港澳司法合作案例，能够学习到广东先进示范区成功的司法改革经验。

一、实践背景

作为粤港澳大湾区的中坚力量之一，南沙自贸区也在各方面不断深化改革，推动区域经济产业发展，并以多渠道为南沙自贸区的发展做制度性保障。在司法方面，司法机关全面贯彻落实《粤港澳大湾

区发展规划纲要》，探索构建粤港澳司法规则衔接体系。在具体陈述实践举措之前，首先需要了解南沙自贸区推进粤港澳三地司法合作的实践背景。

（一）基本做法

为推进粤港澳地区的司法合作，南沙自贸区相关的司法系统主要从规则、主体参与、地点平台搭建这三个方面入手，较为全面地为粤港澳三地司法衔接提供来自政府方面的扶持与支撑。南沙自贸区法院率先开展5项诉讼规则对接探索，全国首创《民商事案件证据开示指引》，借鉴香港法文件透露规则，及时固定争议焦点，防止证据突袭；率先出台《涉港商事案件属实申述规则适用规程》，引导当事人签署属实申述承诺书430案次，倡导诚信诉讼；制定《委托当事人送达实施细则》，借鉴香港当事人主义诉讼模式，提升涉港澳案件送达效率；适用律师调查令制度，累计发出律师调查令945份，推进破解律师取证难问题；试行交叉询问规则，保障当事人诉辩权利，贯彻正当程序原则。南沙自贸区检察院全国首创适格犯罪嫌疑人社会服务告知制度，借鉴香港社会服务令制度，实现轻微刑事案件审前分流。并同时创新3项港澳人士司法参与渠道，全国率先聘任港澳籍人民陪审员15名；聘任港澳籍特邀调解员16名，全国首邀香港大律师成功调解涉外案件；聘任港籍专家咨询委员出具涉港澳案件法律查明意见。搭建2个粤港澳司法制度比较研究平台，连续两年组织粤港澳三地比较模拟庭审。南沙自贸区法院与南沙国际仲裁中心等机构合作，建立涉港澳民商事纠纷诉前分流多元化解机制。提升自贸区司法国际影响力，为南沙推进粤港澳深度合作示范区和粤港澳大湾区建设提供有力司法保障。

（二）实践成效

通过深化粤港澳三地司法合作，共同推进失信相关司法制度的改进与保障，该实践举措获得了显著的成效。2020年1—9月年共发布失信被执行人2620人、限制高消费3162人、限制出境6人。对规避执行、抗拒执行行为保持高压态势。截至 2020 年 11 月，共引导当事人签署属实申述承诺书 723 案次。累计共享 109765 家集群注册企业信息。在失信判决、执行等方面，都有了很明显的效率上的提升。

二、实践具体举措

南沙自贸区所制定的"N＋4＋2"法则在深化粤港澳三地司法合作上具有重要意义，为自贸区内部的发展提供了坚实的司法保障。因此，对南沙自贸区构建粤港澳司法规则衔接机制、推动诉讼信用体系的三地同步推广所展开的具体措施，及时进行经验总结是具有必要性的，由此能够为该模式的推广做铺垫。

（一）流程：补充完善诉讼制度流程

针对当前诉讼制度运作的流程进行完善，是打通粤港澳三地相关案件信息交流渠道的重要举措，南沙自贸区相关法院在诉讼流程上不断完善诉前诚信告知制度，在诉讼咨询、引导和立案环节，向当事人发放《诚信诉讼及信用风险提示》，倡导当事人及其他诉讼参与人在诉讼中履行提交真实、完整的诉讼材料。持续对接港澳诉讼规则，出台民商事案件证据开示指引、涉港商事案件属实申述规程，要求涉港商事案件当事人和其他诉讼参与人签署书面承诺书，向法庭确认提交的文件和陈述的内容属实，无虚构或隐瞒，并鼓励当事人自行进行证据开示，引导当事人诚信诉讼。推动粤港澳三地诉讼规则对接，推进三地诉讼信息共享，能够在整个诉讼链条上打破地域限制，进一步促进三地司法融合。

（二）标准：推动制度认定标准细化

强化粤港澳三地司法规则衔接，推动三地司法规则的共同认可是基本基础，而对于司法规则，达成三地对于规则中司法裁决与判定的标准的共识是基础。因此，为了达成这个目的，南沙自贸区相关司法机构出台《关于虚假诉讼失信人制度的规定（试行）》，进一步细化诉讼失信认定标准。建立失信诉讼参与人信息库，由经办法官定期将相关失信人名单信息纳入失信信息库。立案时在审判系统中对于"已纳入诉讼失信人名单的诉讼参与人再到本院进行诉讼的"进行自动标识，关联相关案件信息；庭审中进行诉讼失信风险提示。强化失信行为公开，在法院官网、诉讼服务中心、微信公众号公开立案、调解、审理、执行全过程涉及的 12 种诉讼失信行为。进一步明确法制规则中的标准，有利于构建三地共同认可的司法规则，从而为司法合作达成制度基础。

（三）信息：强化信息共享与管理

推进粤港澳三地跨区域的司法合作，完善诉讼失信信息共享机制也是不可缺失的一步。南沙自贸区相关司法机构与区市场和质量监督管理局定期共享集群注册企业信用登记信息和涉诉信息共享机制，定期向社会公布诉讼失信人和诉讼失信案例。联合区检察院出台《关于法检协同防范和打击虚假诉讼的实施意见》，建立防范和打击虚假诉讼联席会议，健全虚假诉讼防范工作机制，形成防范和打击虚假诉讼、恶意诉讼合力。强化诉讼失信惩戒力度，探索律师费转付制度，充分运用罚款、拘留、公布失信被执行人名单、限制高消费、追究拒执罪等强制措施，促使被执行人履行义务。

探索出台《关于司法程序中市场主体信用维护与修复的实施意见》，区分信用修复类型，细化法定删除失信信息、酌定删除失信信息和禁止删除失信信息 3 种类型。推动建设企业破产重整、和解阶段信用修复制度。规定债务人、破产管理人或战略投资人在企业和解协议或重整计划执行期间，可以向法院申请失信被执行人信息修复、金融信用信息修复、纳税信用信息修复。强化信用修复监管。对于失信被执行人在获准信用修复后，不履行信用承诺、再次发生失信违法行为的，自再次发生失信违法行为之日起 3 年内不再受理其信用修复申请。

三、实践创新点

南沙自贸区借鉴港澳及国际诉讼信用规则，构建诚信诉讼预防与引导、诉讼失信联合惩戒、诉讼失信修复为一体的全流程、立体化诉讼信用体系，引导、督促当事人遵循诚实信用原则参与诉讼活动，有效提升民商事审判质量和效率，进一步营造湾区诚信有序的市场化、法治化、国际化营商环境。该实践案例中存在的创新点也是应该关注的要素，通过对实践创新点的分析，为下一步地区深化改革提供新的借鉴思路。

（一）行动：率先探索诉讼规则对接

在具体行动层面，南沙自贸区的尝试是针对三地诉讼规则对接的初次尝试。在坚持我国民事诉讼基本制度的基础上，先行先试，持续探索借鉴港澳诉讼规则。一是发布全国首个《民商事案件证据开示指引》。借鉴香港文件透露规则，提前固定争议焦点，提高庭审效率及当事人对裁判结果的合理预期。二是制定全省首个《涉港商事案件属实申述规则适用规程》。创新当事人诚信诉讼承诺机制，截至2020年11月，共引导当事人签署属实申述承诺书723案次。三是全市率先出台《委托当事人送达实施细则》。借鉴普通法国家当事人主义诉讼模式，委托当事人及代理律师送达法律文书，成功委托送达389件。四是适用律师调查令制度。率先在全市发出首份律师调查令，推进破解律师取证难问题，提高司法效率，截至2020年11月，共发出律师调查令1413份。五是试行交叉询问规则。在案件事实复杂的涉港澳民商事案件中，允许诉辩双方对证人进行交叉式询问，充分保障当事人诉辩权利，贯彻正当程序原则。六是发布类案辩论诉讼指引。充分发挥案例指导和参考作用，做到"类似案件类似处理"。七是探索适用清理批示制度。由法官在庭前对证据作出清理批示，确定既证事实以及待证事实，提升审判效率。其中商事案件属实申述规则被列为广东自由贸易试验区第五批改革创新经验并在全省推广。

在不断探索规则行为之时，三地对接的诉讼规则得到了不断完善，司法中预防与引导的功能得到了强化，失信标准也得到了进一步的细化与明确，诉讼失信范围在三地司法机关得到了相对的公用划分标准。

（二）行动者：率先创新多司法参与渠道

在行动者层面，南沙自贸区创新4种港澳人士司法参与渠道，通过拓展参与渠道推动三地司法行为者的合作。一是全国首聘港澳陪审员。南沙法院制定《港澳陪审员管理办法》，开发港澳陪审员电子管理系统，邀请港澳陪审员主持调解涉"一带一路"沿线国出口贸易等纠纷。截至2020年11月，15名港澳陪审员共参审案件71件。二是创新涉港澳案件特邀调解机制。聘任港澳特邀调解员19名，委托香港大律师成功调解涉外商事案件，获《人民日报》报道。三是深化港澳专家咨询机制。聘任香港大学教授为专家咨询委员，完善涉港澳法律问题对口咨询机制，港澳专家累计提供专家意见10余次、出具法律查明意见3次。四是建设港澳青年实习基地。累计接受4批23名港澳学生来院实习，组织召开"港澳学生法院开放日"，推动内地与港澳青年交流。拓展司法交流渠道，有利于囊括更多的司法人员加入三地司法合作的队伍，加强协同联动，强化失信惩戒。

（三）地点：打造跨区域司法合作交流平台

为了进一步推进粤港澳三地的司法合作，打造跨区域的司法合作平台、提供一个能够促进司法交流的地点也是重要的举措。因此，南沙自贸区的相关部门连续两年邀请粤港澳三地法官、律师、专家、学者等法律实务及理论界人士开展粤港澳大湾区比较模拟庭审，由三地法官、律师和高校学生，按照三地诉讼程序对同一案例进行模拟庭审，打造粤港澳三地司法制度比较研究品牌。入驻南沙"粤港澳大湾区暨'一带一路'法律服务集聚区"，助力南沙打造集司法、仲裁、国际商事调解等于一体的国际化高水平法律综合服务基地。以共同的交流平台打破基于地域基础之上的司法限制，能够使三地的司法机关加强对其余地方相关司法规则的认识，从而集三地之力共同构建司法合作关系，实现三地司法衔接的目标。

案例 5
依靠专门立法委员会，加强反家庭暴力重点立法

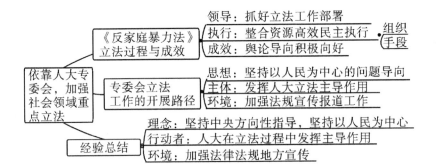

人大社会建设委员会（以下简称"社会委"），作为人大中承担加强专门领域立法职责的行政机关，需要就当前存在的社会问题在必要之时给予立法干预。家庭暴力，是近年来严重危害家庭关系，并且得到社会广泛关注的问题，需要在立法上给予进一步的行为限制，并构建起对相关家庭的保护。

为了预防和制止家庭暴力，保护家庭成员的合法权益，维护平等、和睦、文明的家庭关系，促进家庭和谐、社会稳定，2019 年，广东省人大社会委会同省妇联等有关方面，在认真总结实践经验、深入调查研究、广泛听取意见、反复研究论证的基础上，结合广东省实际，组织起草了《广东省实施〈中华人民共和国反家庭暴力法〉办法（草案）》（以下简称《办法（草案）》，并向省人大常委会提出法规议案。可以看出，在这样一部《中华人民共和国反家庭暴力法》（以下简称《反家庭暴力法》）的立法过程中，社会委发挥了不可忽视的牵头作用，专门立法委员会的作用也在此表现出来。为了推动人大立法过程更深层、更高质地发展，总结该案例中人大专门立法委员会发挥的作用、举措，既能够帮助反思当前立法行为中的不足，也能

够为其他地区立法工作的进一步开展提供经验借鉴。

一、《反家庭暴力法》立法过程与成效

广东省人大社会委在深入调查实际情况、总结实践经验并征求多方意见的基础上，向省人大常委会提出法规议案，牵头起草《反家庭暴力法》实施办法。在深入总结其实践经验之前，需要就广东省《反家庭暴力法（草案）》的立法过程进行详细了解，并考察其成效，从而为模式总结提供经验资料。

（一）领导：抓好立法工作部署

2019 年 2 月，社会委主要负责同志率队到省妇联调研，召开法规起草动员部署会，研究法规起草思路、框架内容和起草工作方案，明确工作时间表，落实责任分工，对做好起草工作提出明确要求。

在整个立法过程中，专门委员会的相关领导必须在整体布局上做好部署工作，明确分工和时间线，如此一来才能减少部门间相互掣肘的风险，保障立法流程合法合规、合理有序地进行，为立法执行提供方向性指导。

（二）执行：整合资源高效民主执行

1. 组织：成立立法起草工作小组

成立由社会委牵头，省妇联、中山大学法学院等组成的《办法（草案）》起草工作小组，制定起草工作方案，按计划、有步骤地开展调研、论证和起草工作。起草工作小组在总结广东省反家庭暴力工作实践经验和吸收借鉴国内外反家庭暴力研究成果的基础上，形成法规草案征求意见稿。通过专门的工作小组推动立法工作的执行，有利于人力、信息资源的整合，减少不必要且烦琐的流程，从而更好地推进立法执行工作。

2. 手段：广泛征求意见

立法工作的开展，需要广泛征求社会各方的意见，将群众的建议

作为立法基础才能够使立法结果更加切合群众的真实需要。在本次广东省《反家庭暴力法》的立法过程中，主要分两轮开展意见征求工作，先由省妇联开展第一轮意见征求工作，会同社会委到省法院、省公安厅、省民政厅、省司法厅开展座谈交流，听取对法规草案征求意见稿重点条款的意见建议。起草工作小组对第一轮征求的各方面意见进行了梳理研究，讨论形成法规草案征求意见二稿。社会委按照常委会地方立法工作程序开展第二轮意见征求工作，将法规草案征求意见二稿分别送省人大有关委员会、21个地级以上市人大常委会、省直相关单位、立法基地及部分高校、基层立法联系点、部分在粤全国人大代表以及省人大代表、立法咨询专家征求意见，会同省妇联、中山大学法学院先后赴湛江、茂名、佛山、珠海四市和山东、湖北两省开展立法调研，召开了省直相关部门座谈会和专家学者论证会，充分听取各方面意见建议。在深入调研、认真研究、反复论证的基础上，起草工作小组根据第二轮意见征求工作各方反馈的意见建议，对法规草案征求意见二稿做进一步修改，形成法规草案稿。经社会委全体会议审议、常委会主任会议讨论后提请常委会会议审议。

（三）成效：舆论导向积极向好

法规草案提请常委会会议审议前，社会委注意做好舆情分析研判工作，了解人民群众对于法规草案的意见与看法，结合社会热点在媒体吹风会就法规草案的起草情况及亮点特色条款对相关媒体进行了介绍，并积极回应媒体记者的提问。常委会会议前后，中央和地方多家媒体对法规草案审议工作进行了详细报道，媒体报道正面积极，宣传范围广、社会反响大，网上对广东省反家庭暴力地方立法评价总体较高，取得较好的法律效果和社会效果。从社会舆论环境来看，此次《反家庭暴力法》的立法工作是较为成功的，贴合了人民群众的现实需要，并取得了良好成效。

二、专门立法委员会立法工作的开展路径

法规起草过程是不断完善科学立法、民主立法、依法立法工作机制的一次重要实践，通过总结本次《反家庭暴力法》的立法实践中专门立法委员会的工作路径，能够更好地帮助我们反观科学立法、民主立法、依法立法的实践过程。

（一）思想：坚持以人民为中心的问题导向

在此次立法实践过程中，专门立法委员会始终坚持明确的立法指导思想，将解决人民群众的现实问题置于立法的核心地位。社会委在牵头反家庭暴力地方立法的过程中始终坚持问题导向，坚持以人民为中心的发展思想，广听民声、广聚民意、广集民智，精准把握立法需求，掌握社会领域立法的特点和规律，明确要立管用的法，立好法善法，立"有牙齿"的法，侧重解决管用的实际问题，增强办法的可操作性和执行力，把《反家庭暴办法》和反家暴工作落到实处，真正做到"人民有所呼、立法有所应"。在《办法（草案）》起草过程中，严格遵循上位法立法精神，按照不抵触、有特色、可操作的原则，从理念和制度上明确各有关主体的职责边界。

（二）主体：发挥人大立法主导作用

推动立法工作有序、顺利开展，需要相关立法部门发挥积极的牵头作用，打通各部门间的壁垒，保障信息渠道畅通。在此次立法实践中，社会委呈现出积极的主导作用，推动立法工作的顺利进行。

社会委牵头成立了法规起草小组，起草小组的成员由立法工作者、专家学者、实务工作者组成，既集合不同方面智慧，又发挥立法工作者的独特优势。在起草之初就主动加强与公安、司法、民政等部门的密切沟通联系，明确立法的重点难点，积极推动工作开展。针对社会领域立法中存在的法规起草难、利益平衡难、制度设计难、实施执行难等问题，充分发挥法工委和社会委在法规起草和审议中的组织

协调作用，提前介入并加强督促和指导，广泛听取意见，深入调研论证，统筹兼顾、平衡协调好不同的利益关系，兼顾处理好约束性规定和倡导性规定的关系，增强立法的可执行性和可操作性，不断提高立法的精细化水平，使社会领域立法更接地气、更有"硬度"、也更有"温度"。立法工作的开展讲求多部门、多主体间的配合，需要征求社会各主体的意见和建议，而社会委在平衡各方利益关系上发挥了极强的作用。

（三）环境：加强法规宣传报道工作

社会委密切关注社会舆论热点，在法规草案一审前后积极做好法规宣传报道工作，加强对法规有关制度设计的解读。主动向新闻媒体介绍立法背景和意义、法规重点内容等，力争把法规宣传好、解读好、阐释好，让人民群众读得懂、用得上。中央电视台《新闻直播间》、中央人民广播电台《中国之声》、中新网视频频道、广东卫视《广东新闻联播》分别对《办法（草案）》的提请审议工作进行了专题采访报道。《法制日报》《人民法院报》《中国妇女报》《21世纪经济报道》《北京青年报》《南方日报》《羊城晚报》《广州日报》《新快报》《信息时报》等数十家主流媒体对《办法（草案）》审议工作进行了报道，刊发通讯稿、专栏文章共11篇。全国人大、广东发布等微信公众号，中央人民广播电台微博亦有报道。相关报道被人民网、新浪网、中国新闻网、中国经济网、《中国青年报》等媒体转载20余篇（次）。阅读（收看）量较大的微信公众号、微博号、各大卫视读报类新闻节目也有转载、报道。

过去的立法工作，往往被外界视为深不可测的黑匣子，因此部分群众对于立法结果也存在着不理解或质疑。而在本次立法工作中，专门立法委员会（社会委）通过现代化通信工具，积极向社会做好法律法规的宣传工作，转被动为主动，向社会公开披露法律法规的相关背景、信息，以及法规文本包含的重点。这使得法律法规能够更好地被人民群众所理解，同时也可以接受来自人民群众的检验，进一步推进民主立法进步。

三、经验总结

在了解《反家庭暴力法》的整个立法过程之后，需要对该案例所提供的可借鉴经验进行总结，以便于日后工作的改进。

（一）理念：坚持中央方向性指导，坚持以人民为中心

1. 坚持中央方向性指导

加强社会领域地方立法必须坚持以习近平新时代中国特色社会主义思想为指导，以价值引领推进"德法共治"。习近平总书记指出："家庭和睦则社会安定，家庭幸福则社会祥和，家庭文明则社会文明"①，"要努力消除一切形式针对妇女的暴力，包括家庭暴力"②，"要从国家层面治理，对严重侵犯妇女权益的犯罪行为坚决依法打击"③。党的十九届四中全会指出："坚持和完善促进男女平等、妇女全面发展的制度机制。"④ 加强社会领域立法必须善于使党关于社会建设特别是家庭文明建设的各项主张通过法定程序成为全社会共同遵守的规则。制定反家庭暴力地方立法必须坚持将社会主义核心价值观融入法治建设，从法规制度层面进一步弘扬家庭美德，维护平等、和睦、文明的婚姻家庭关系，构建反家庭暴力工作机制，通过弘德立法推进新时代"德法共治"。由此看来，加紧推出《反家庭暴力法》是具有时代必要性和社会需求的，是紧密贴合中央指导思想的。

---

① 参见《推动形成社会主义家庭文明新风尚》，载《中国青年报》2016 年 12 月 13 日 1 版。

② 参见《习近平谈妇女工作金句：引导妇女既要爱小家，也要爱国家》，见中国共产党新闻网（http://cpc. people. com. cn/n1/2019/0308/c164113 - 30964271. html），2021 - 08 - 31。

③ 参见《习近平在同全国妇联新一届领导班子成员集体谈话时强调：坚持中国特色社会主义妇女发展道路 组织动员妇女走在时代前列建功立业》，见中国共青团网（https:// qnzz. youth. cn/zhuanti/shzyll/fzyjs/201811/t20181113_11784187. htm），2021 - 08 - 31。

④ 参见《党的十九届四中全会决定强调：坚持和完善促进男女平等、妇女全面发展的制度机制》，见澎湃新闻网（https://m. thepaper. cn/baijiahao_4884888），2021 - 08 - 31。

2. 坚持以人民为中心

加强社会领域地方立法必须坚持以人民为中心，以守正创新积极回应社会关切。作为专门立法委员会，社会委也有职责密切关注社会领域的问题。社会领域地方立法直接涉及民生权益保障，涉及人民群众切身利益关系调整。家庭暴力直接危害家庭成员的身心健康和生命安全，容易引发恶性犯罪案件，影响社会稳定。针对家庭暴力的突出问题进行地方法，对保障家庭成员特别是妇女、儿童、老人的权益，维护家庭和睦幸福，促进社会文明进步具有重要意义。社会委要坚持以人民为中心，把满足人民群众日益增长的美好生活需要作为社会领域地方立法工作的出发点和落脚点，结合民生权益保障的热点、痛点、堵点问题，着力抓好社会领域立法，逐步织密扎牢民生权益保障网，积极维护弱势群体权益，通过守正创新，破解民生领域薄弱环节和制度难题，切实增强全体人民获得感、幸福感、安全感。

（二）行动者：人大在立法过程中发挥主导作用

加强社会领域地方立法必须发挥人大主导作用，以专委会的统筹协调加快推进广东省社会领域立法步伐。社会领域立法综合性强，涉及面广，一项具体立法往往牵扯到纷繁复杂的制度设计和利益协调，才能回应社会各方面的合理诉求。反家庭暴力工作由妇联牵头负责，但其毕竟是群团组织，不是政府部门，加强反家庭暴力工作需要调动公安、民政、法院等国家机关和其他社会团体的力量。开展反家庭暴力地方立法，社会委主动担当作为，牵头组织起草，组成人大、妇联、专家学者三结合的法规起草小组，共同开展调研论证起草工作，注重加强与公安、民政、法院等相关部门的沟通协调，消除意见分歧。《办法（草案）》针对反家庭暴力部门职责分工不明确，政府部门处置家暴案件不规范，家庭暴力受害人举证难，对家庭暴力受害人救助不足等问题，通过地方立法，进一步明确政府及职能部门和有关国家机关、社会组织的职责，强化法治宣传教育，落实强制报告、公安告诫、人身安全保护令制度，形成齐抓共管、社会共治的反家庭暴力工作格局。因此，社会委在社会领域立法特别是关于群团组织涉权益保障方面的地方立法，如未成年人保护、青年创新创业等地方立法，需要主动担当作为，发挥好牵头组织协调作用。

（三）环境：加强法律法规地方宣传

加强地方立法必须积极回应人民群众关切的问题和社会热点，通过对地方立法工作进行全程宣传报道，凝聚社会共识，加强普法宣传教育，有助于进一步加强人民群众对于法律法规的认识和理解。法规在提交常委会审议之初就引起社会普遍关注，有利于在全社会开展普法宣传教育工作，增强全社会反家庭暴力的意识，引导家庭暴力受害人通过法治渠道维护自身权益。因此，开展地方立法要重视宣传报道工作，认真做好每次常委会会议审议的重点法规的预热报道和审议情况报道，突出法规项目与当地工作大局、群众切身利益的关联，善于组织新闻媒体对起草、调研、征求意见、各审次审议、表决前评估、表决通过等各个环节的工作情况进行全程跟踪报道，坚持发挥好记者吹风会制度，组织当地主要媒体在主要版面、重要时段进行充分报道、深度解读，展示人大立法全过程，使各方面准确理解立法的背景、目的和法律的原则、内容，为法规的正确实施营造良好的社会舆论氛围。

案例 6
税收制度信息化，推进贸易自由化

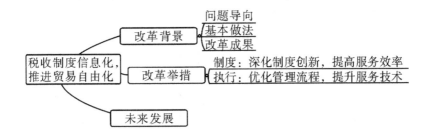

为深入贯彻落实《优化营商环境条例》，深化"放管服"改革、优化营商环境，激发市场主体发展活力和社会创造力，南沙自贸片区，坚持以人民为中心的发展思想，针对烦扰企业和群众的各种证明，于 2020 年 2 月创新打造"无证明自贸区"，最大限度取消、调整本层级设定的证明事项，将以往需要行政相对人通过各种途径出具证明的办事流程转变为政府的内部程序，实现企业和群众在依法申请政务服务事项时，无须再到片区内相关单位开具证明的改革。该项改革通过政府部门"自我革命"转变工作方式，为人民群众带来更好的政务服务体验，推动了法治政府、服务型政府建设，促进了南沙营商环境优化，扎实做好"六稳"工作、全面落实"六保"任务。

一、改革背景

（一）问题导向

在过去，在南沙自贸片区中进行的各种贸易交易往往需要极为复杂的审批程序与自证证明，这给片区内的企业与群众带来不便，使得自贸区内的贸易交易难以有序、顺畅地开展，也不利于南沙片区的营商环境发展。因此，加强南沙片区营商环境优化改革行动是具有现实意义与必要性的。

（二）基本做法

为实现"无证明自贸区"的改革目标，南沙区政务服务数据管理局制定印发了《全面打造"无证明自贸区"改革工作实施方案》，以"优化服务流程、精简办事材料、减少跑动次数"为主线，围绕直接面对群众和企业、依申请办理的政务服务事项，通过直接取消、数据查询、部门核验、告知承诺四种方式分类实施改革。同时，为配套建设证明事项数据查询核验系统以及制定《"无证明自贸区"数据查询实施细则》提供技术和制度保障。

（三）改革成果

自改革以来，在不同的维度上，都可以观察到改革所取得的成效。至 2021 年 1 月中旬，按照"成熟一批、减免一批、公布一批"的原则，已公布了四批证明事项减免清单，累计减免了 21 个部门的330 项证明事项，其中直接取消 152 项、数据查询 132 项、部门核验24 项、告知承诺 22 项，减免率达 92.4%。逐步实现了"无证明"办理，降低制度性交易成本，全面提升行政审批的透明度和可预期性，使创业办事更方便，高质量打造全国首个"无证明自贸区"。该项改革成果 2020 年入选广东自贸试验区挂牌 5 周年 30 项制度创新最佳案例。

1. 重塑审批流程，实现流程"减负"

通过"减证"方式彻底重塑审批流程，从而倒逼改革更深入。变"向群众索要证明"为"向部门核验信息"，将从前需要申请人通过各种途径出具证明的办事成本和流程，转变为政府的工作成本和内部程序，从"减证"彻底改革为"无证"，这不仅是工作方式的自我革新，更是南沙勇于任事、敢于担当、主动作为的体现。取消各类繁杂的证明材料，这不仅便利了企业和群众，也减轻了基础社区的负担，更进一步倒逼深化改革，以此为契机促进政府服务转变作风，极大提升政府现代化治理水平。

2. 优化服务流程，提升群众感受

提供证明转变为政府的内部工作程序，这是政府的自我加压，但这无疑也会增加政府的工作成本。改革倒逼政府部门主动转变工作模式，通过大数据支撑，实现减材料、减证明、减时限，加快政务数据资源有效整合共享，促进互联网与政务服务深度融合。截至2021年1月中旬，南沙片区已实现网上办事全覆盖，依申请事项100%网上办理，100%最多跑一次。随着各政府部门间"信息孤岛"的打通，实现了数据代跑腿，企业和群众少跑动。根据过往业务量测算，目前已减免的330项证明事项，减少提交材料19万余份，至少可为群众减少跑动13万余次。该改革既减轻了群众办事的成本和负担，又满足了政府部门审批的需要，有效化解"证明多、办事难"的痼疾，让群众和企业办事创业省时省力更舒心。

3. 提升信用审批，实现放管结合

南沙深入探索信用审批，以告知承诺的形式减免证明，行政机关不再通过容缺受理约定期限内补交相关材料，而是探索健全事中事后监管和信用管理，申请人彻底不必再"跑证明"。目前已通过告知承诺的方式减免证明事项22项，通过建立信用评价机制、加大失信联合惩戒、完善事中事后监管，科学有效地实施监管，使信用监管进入"放的更开，管的更好"的良性循环。

二、改革举措

为解决税收管理服务放不开、管不好、效率低、流程繁等问题，南沙自贸区聚焦发票管理、退税、数字化智能化办税等关键领域和环节，按照放管结合、风险可控的思路，一体推进税收管服相融综合改革。对于南沙的改革，我们应了解其改善营商环境的具体改革措施，从而进一步为模式经验总结提供切实的实践材料。

（一）制度：深化制度创新，提高服务效率

通过深化事前事中事后监管服务制度创新，构建管服相融的快速退税新机制，南沙自贸区在制度层面有效减少了各项程序审批的时间与手续，使自身的服务质量能够更上一层，其中，税务服务方面的表现尤为突出。

南沙创新推出出口退税 3 天内办结制度。推动出口退税"放"得更彻底、"管"得更高效、服务更优质。在事前管理上创新出口退税管理服务制度，将出口企业管理职责前置到税务所。在事中审批上创新实行出口退税分类管理服务，对纳税信用好的企业，实行简易审批。在事后依托大数据对退税风险进行全面扫描，构建"征退查评一体化"的出口退税管理服务机制，对审核无疑点、纳税信用高的出口企业的退税申请，实行 3 个工作日内办结，出口退税办理时间由上级规定的平均 10 个工作日办结，普遍缩减至 3 个工作日内办结，大幅压缩退税时限，提高出口企业获得退税资金的可预期性，切实激发外贸经济活力。

在增值税方面，通过实现增值税一般退税 1 天内办结，有效节省了人民群众的办事时间。通过设置专人专岗，优化退税各环节衔接，后置部分审核流程，推广简易退税，对符合条件的增值税（含附加税费）一般退税申请，实行 1 天内办结，时间由 10 天压缩到 24 小时以内，缩短 90%。

推行多缴税费免申请主动退还机制。运用纳税信用和数据管税，合理设定退税风险阈值，对辖区内产生多缴税费的纳税人实行主动退还服务，免去纳税人申请环节，范围涵盖 4 大类 18 种税（费），压缩 60% 退税办理时间，实现从传统的依申请退税向税务机关主动退税的转变。

（二）执行：优化管理流程，提升服务技术

1. 管理技术：清单化管理，有效自查事项

通过证明拉网式清理，实现事项清单化管理，是优化管理流程的重要步骤之一。开展证明事项拉网式梳理自查清理工作，逐层级逐部门排查证明事项，全面核查已取消证明事项的有关文件落实情况，直接取消没有法律法规依据的证明，力求证明源头全覆盖，确保无漏网。接着通过组织研究和反复分析，定义证明事项和确定证明事项范围，从全区 34 个部门、9 个镇街的 1621 项事项、8375 项办理材料中梳理出 357 项证明事项，形成了南沙区现有证明事项底单，作为推进"无证明自贸区"改革工作的基础。最后采取"两张清单全覆盖"的方式，形成取消和保留两份清单并对外公布，对证明事项严格实行清单式管理，实现"清单之外无证明"，各部门不得擅自要求自然人、法人和其他组织提供证明。并在证明事项清理过程中，采取项目化管理方式，取消一项，落实一项。

2. 服务技术：信息化服务，有效提高效率

依托南沙区信息资源共享平台，建设证明查询核验平台，为证明减免提供统一的数据查询和部门核验服务平台，借用新技术高效解决服务问题。设定核验流程，深化部门间协同，降低跨部门获取证明材料信息的协调成本和免去处理"假证明"的行政成本，并加大科技赋能，运用区块链、大数据等新兴技术，实现数据共享支撑保障，将查询和核验全流程"上链"，所有查询和核验结果将被赋予唯一编码，进入区块链进行存储，以确保证明结果信息可追溯、不可篡改、安全可信，证明查询核验平台是南沙区首个区块链技术应用案例。

在发票开具问题上，以电子信息化进行有效服务使得服务效率得到高幅度的提升，南沙自贸区内全面推行电子普通发票，形成管服相融的发票管理新方式，该措施使得自贸区内数字化程度得以大幅提升。

全域推行电子发票，推动税收管理服务从"以票控税"向"以数治税"转变。从 2020 年 1 月 1 日开始，在整个南沙 803 平方公里的行政区域内全面推行电子普通发票和区块链电子发票，全面取消纸质发票，积极推进增值税电子专用发票电子化，推动发票告别"纸质时代"，推动风险防控数据化，促进税收管理方式变革。此举将对自贸区市场主体经营活动产生积极而深远的影响。

全面实现发票业务和流通电子化，切实提高发票管理便利度。通过发票电子化，解决纸质发票领购、流转、管理成本高和易丢失损坏等问题，实现纳税人领购、开具、流转发票"一次不用跑"，实现发票增量增额全程线上办理、随时办随地办，定额发票"扫码即开票"，最大限度降低纳税人办税成本、提高办税便利度，增强税务部门发票管理和风险防控效能。

全链条运用区块链技术，有效提升发票管理服务安全性。将原本流转情况监控缺位的纸质通用机打发票全部改为区块链电子发票，补齐发票监管短板，应用区块链技术实现电子发票全流程可溯源，避免发票造假情况，切实解决发票虚报虚抵、真假难验等难题，大大提升了电子发票业务的安全性，更好适应新经济新业态的运行模式，助力平台经济等新经济新业态集聚发展。

此外，利用电子信息化实现数据共享，构建税务可信身份认证体系，形成管服相融的智能化办税缴费新方式，也有利于服务质量和效率的提升。

适应商事制度改革后市场主体大量涌现的形势，与公安部门合作，创新推出税务"微警"实名身份认证，实现对办税人员身份现场精准核对和远程真实授权管理，为"互联网＋税务"服务提供可信认证基础。

推行税费业务容缺受理服务。通过税务"微警"实名身份认证直接与公安机关实名数据库连接，对办税人员的身份进行远程核验，避免纸质文件易造假、人工审核效率低等问题，并在资料不齐、证件未带等情形下为办税人员提供容缺受理服务，有效解决纳税人来回跑、多次跑问题。

推行全程微信办税服务。在微信开通税费业务"线上受理"功能，实名认证的纳税人办理涉税费事项不受业务类别限制，可统一按综合业务上传资料并描述办理要求，超过 90% 的业务可全程线上受理并办结，实现办理税费业务"一次不用跑"。

推行港澳人士境内外"无差别便利办税（费）"。顺应粤港澳大湾区人流、物流、资金流、信息流自由流动的趋势，实现港澳人士线上税收实名认证，将港澳居民居住证、来往内地通行证、护照等纳入实名注册证件范围，打通港澳纳税人境外远程办税全链条，确保港澳人士可在境内外随时随地线上办理税费业务，大幅提升港澳人士境内外办税便利度。

3. 合作技术：整合数据供需，提升共享效率

以最小颗粒度梳理证明材料对应信息和数据，形成需求清单，并通过数据的权责确认和标准化工作，明确数源和标准，确保一数一源，按需共享，制定部门之间信息共享计划和明确时间节点，抓好落实，这有利于加强部门之间的合作关系，提升共享效率。组织证明使用部门和证明出具部门对证明信息进行联合校验核对协同，建立核验过程供需信息目录，设计结构化核验模式。同时以数据供需清单为导向，以南沙区数据共享平台为核心，打通与税务、市场监管及人社等34个部门的数据共享渠道，获取500多个数据主题的使用权，可供进行数据查询的数据量近10亿条，充分运用互联网和大数据等手段推进"互联网＋政务服务"，真正实现"信息多跑路，群众少跑路"。

三、未来发展

下一步，南沙区将继续深化税收"放管服"改革。

一是加大制度创新探索力度，按照"大数据、大征管、大服务"的思路，系统集成税收管理和服务创新，构建与国际高水平投资贸易规则相适应的税收制度体系，持续优化自贸区税收营商环境。继续秉持创新政府服务和管理、方便企业和群众办事创业的理念，围绕"无证明自贸区"的改革目标，推进政府治理体系和治理能力现代化，切实增强群众获得感，推动服务型政府建设，推动和实现高品质建设南沙"三区一中心"总目标。建设完善南沙区证明事项查询核验系统，为证明减免提供统一的数据查询和部门核验服务平台，运用"区块链"技术，将查询和核验全流程"上链"，以确保证明结果信息可追溯、不可篡改、安全可信。

二是落实《国务院办公厅关于全面推行证明事项和涉企经营许

可事项告知承诺制的指导意见》《广东省人民政府办公厅关于印发〈广东省全面推行证明事项告知承诺制工作实施方案〉的通知》，全面推进证明事项告知承诺制，继续推动剩余证明事项（公安、金融部门个别事项）减免工作。

三是持续巩固证明事项清理成果。持续督促相关部门规范办事指引，确保已公布减免的证明材料不再要求群众提交。同时，今后不允许通过规范性文件设定证明事项，设立确有必要的证明事项要公开征求公众意见，严防已减免的证明事项"死灰复燃"，确保改革落到实处。

案例7
推进商事制度改革，优化营商环境

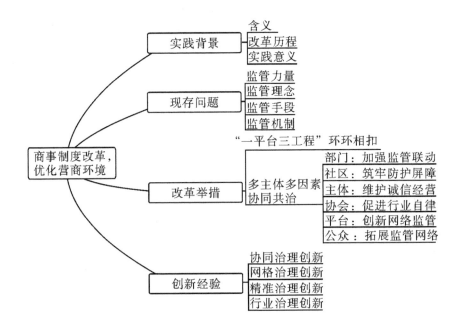

一、实践背景

商事制度改革是近年来党中央国务院高度重视并大力推进的一项改革，是我国市场准入与监管史上一次最重要的理念创新、制度创新和服务创新，成为我国从整体上推动政府职能转变和"放管服"改革、优化营商环境的重要突破口。党的十九大报告明确提出要"深化商事制度改革"①，"打造共建共治共享的社会治理格局"②。为深入了解东莞市商事制度改革的过程及经验，本案例将首先对商事制度改革的含义、发展历程及实践意义作框架性的介绍。

（一）什么是商事制度改革

实施与推进商事制度改革，是近年来党中央、国务院作出的一项重要改革部署，是减少行政审批，转变政府职能，释放市场潜力，构建新型市场秩序，推动"大众创业、万众创新"的重要举措，更是改革开放以来，不断改革完善中国特色社会主义经济体制进程中的一个缩影。

商事制度是政府管理经济的一项基础制度，是市场主体产生、存续、退出市场以及从事市场经济活动的基础。在计划经济转向市场经济的过程中，我国逐步形成了以实收资本制、审批制与准则制并存，年检为主要特点的商事制度。但是随着社会主义市场经济体制的建立和完善以及信息技术的飞速发展，我国商事制度与经济社会发展的矛盾越来越显现，从而限制了经济增长，降低了经济发展质量。在中国进入发展新阶段的背景下，改革原有的商事制度，推进国家治理体系和治理能力现代化，成为新时代党和国家的重要工作。商事制度改革是我国经济体制改革的重要内容之一，是政府放开市场管制的重要手段，旨在放松对企业进入的限制，但又同时要求政府以更加科学公平的方式对市场主体的经营活动进行监督和服务。从内容上看，商事制度改革主要涉及放宽市场准入、强化事中事后监管、优化服务三个方面。放松市场准入管制、便利商事主体登记注册是改革的核心内容，主要通过注册资本改革、企业住所改革、企业名称改革和"先照后证"改革等简化登记注册流程、减少登记环节、降低登记费用，使

---

① 习近平：《决胜全面建成小康社会　夺取新时代中国特色社会主义伟大胜利——在中国共产党第十九次全国代表大会上的报告》，人民出版社 2017 年版，第 34 页。

② 习近平：《决胜全面建成小康社会　夺取新时代中国特色社会主义伟大胜利——在中国共产党第十九次全国代表大会上的报告》，人民出版社 2017 年版，第 49 页。

市场主体能够以更少的时间成本和金钱成本实现创业。在事中事后监管方面，逐步形成以信息归集为基础、以信用监管为核心的新型监管机制。优化服务主要表现为着力营造公平竞争市场环境，大力优化对企业的服务，促进企业在公平竞争的基础上能够进得来、留得住、发展好。

（二）商事制度改革历程

自2012年以来，商事制度改革经历了探索试点、顶层设计、重点突破、逐步深化、全面扩大的过程。2012年国家工商总局下发《关于支持广东加快转型升级建设幸福广东的意见》，同意广东省先行开展商事登记制度改革试点，正式拉开了广东省商事制度改革的序幕。

2013年2月28日，十八届二中全会决定对工商登记制度进行改革，放宽工商登记条件，加强对市场主体、市场活动的监督管理，拉开了中国商事制度改革的帷幕。10月25日，国务院审议通过了《注册资本登记制度改革方案》，确立了商事制度改革总体设计。11月12日，十八届三中全会要求推进工商注册制度便利化，改革市场监管体系，实行统一的市场监管。12月28日，十二届全国人大六次会议审议修改了公司法，明确将公司注册资本实缴登记制改为认缴登记制，取消公司注册资本最低限额制度，为推进商事制度改革提供了法治保障。

2014年2月，国务院正式发布《注册资本登记制度改革方案》，明确改革的指导思想、总体目标和基本原则，进一步放宽市场主体准入条件，并于3月起全面实施，同时，修改《公司登记管理条例》《企业法人登记管理条例》等8部行政法规、废止2部行政法规，确保改革依法推进。3月1日，工商登记制度改革在全国范围启动，正式拉开了改革的序幕。同年8月，国务院公布《企业信息公示暂行条例》，对政府监管、社会监督、企业自律和社会共治都提出了明确要求，并于10月起正式实施。

2015年起的商事制度改革，进入了改革深化和全面扩大的阶段。

这一阶段的具体改革内容涵盖"多证合一"、"一照一码"、"证照分离"、信用信息公示、市场监管，并在多点多面上持续深化便利化改革。2015 年 10 月 13 日，国务院印发《关于"先照后证"改革后加强事中事后监管的意见》，全面提出了"先照后证"改革后加强事中事后监管的指导思想、基本原则和目标任务，构建了职责清晰、协同监管、社会共治的监管新模式。

此次改革主要体现为"放管服" 3 个方面。

在放宽市场准入上，一是推进工商注册便利化。从 2014 年 3 月到 2017 年 8 月，国家工商行政管理总局（以下简称"国家工商总局"）先后出台了注册资本改革、企业住所改革、企业名称改革、全程电子化和电子营业执照改革，有效降低了创业创新的制度性成本。二是实施证照合一改革。2015 年 10 月 1 日，全国范围实施了企业工商营业执照、组织机构代码证和税务登记证"三证合一、一照一码"登记制度改革。2016 年 10 月 1 日，在"三证合一"的基础上，又实施了企业"五证合一、一照一码"改革。12 月 1 日，实施个体工商户营业执照和税务登记证的"两证整合"。2017 年 10 月 1 日，全国范围内实施"多证合一"改革。三是推行"先照后证"改革。2014 年 1 月以来，已将全部 226 项工商登记前置审批事项中的 87% 先后分四批改为后置或取消。四是完善企业退出机制。2017 年 3 月 1 日，全国范围实施企业简易注销登记改革，推动市场准入和退出全程便利化。

在强化事中事后监管上，2014 年 6 月，国务院下发了《关于促进市场公平竞争维护市场正常秩序的若干意见》，要求坚持放管并重，实行宽进严管，完善市场监管体系。2015 年 10 月，国务院下发了《关于"先照后证"改革后加强事中事后监管的意见》，明确了"谁审批、谁监管，谁主管、谁监管"的市场监管原则，初步构建了事中事后监管新模式。2017 年 1 月，国务院发布《"十三五"市场监管规划》，提出了市场监管的新理念，确立了 6 项监管原则，为市场监管工作描绘了宏伟蓝图。2017 年 8 月，国务院公布《无证无照经营查处办法》，调整了监管查处范围，明确了监管部门职责。

　　经过几年的探索，以信用监管为核心的新型监管机制初步形成，包括4个方面：一是建立企业信息公示制度。2014年10月1日，《企业信息公示暂行条例》正式施行，确立了企业信息公示制度，强化了信用在市场监管中的作用。2014年8月19日，国家工商总局发布《企业公示信息抽查暂行办法》《企业经营异常名录管理暂行办法》《个体工商户年度报告暂行办法》等5部规章，2015年12月30日又制发了《严重违法失信企业名单管理暂行办法》，夯实了对企业"严管"的制度基础。2015年6月30日，全国第一次企业年报工作完成，2013和2014年度企业年报公示率为87.6%和85.1%，实现了从年检到年报的转变。2015和2016年度企业年报公示率分别为88.3%和90.45%。二是全面推行"双随机、一公开"监管。2016年9月，国家工商总局制发文件，推进监管方式改革创新，要求全国工商和市场监管部门全面实施"双随机、一公开"监管。三是建成"全国一张网"。2014年3月1日，全国企业信用信息公示系统上线运行。2016年12月22日，王勇国务委员启动国家企业信用信息公示系统，"全国一张网"正式开通。四是推动信息共享与协同监管。2015年9月，国家工商总局协调37个中央部门就信息共享和协同监管达成一致意见。2016年8月，国务院批复同意将政府涉企信息统一归集到"全国一张网"并对外公示。

　　在优化服务上，一是扶持小微企业发展。2014年10月，国务院发布《关于扶持小型微型企业健康发展的意见》，从资金、财税、信息等方面加大扶持力度。2015年12月，国家工商总局牵头建设的小微企业名录系统全部功能上线。2017年3月，小微企业名录升级改版，实现了对小微企业的集中查询和扶持信息的集中公示。5月8日，国家工商总局就助力小型微型企业发展发布意见，促进小微企业进得来、留得住、经营好。二是加强市场环境建设。2013年12月，国家工商总局提出营造宽松平等的准入环境、公平竞争的市场环境和安全放心的消费环境。三是发挥竞争政策作用。国家工商总局高度重视发挥竞争政策在维护市场机制、规范市场秩序、促进市场公平中的作用。根据总局的建议，有关竞争政策的内容多次写进了党中央、国务院的政策文件。

近年来，全国工商和市场监管部门认真贯彻党中央、国务院决策部署，开拓创新、扎实推进，商事制度改革取得显著成效。自 2014 年 3 月实施商事制度改革以来，全国市场主体数量呈现"井喷式"增长，根据全国工商总局公布的数据显示，2014 年 3 月至 2017 年 12 月，全国累计新增市场主体 6202.81 万户，日均新设市场主体从改革前的 3.1 万户增加到 5.27 万户，2018 年 3 月 16 日，我国各类市场主体总量突破 1 亿大关。

（三）东莞商事制度改革实践意义

作为我国市场监管治理体系和治理能力现代化的一项重要制度创新，商事制度改革对推动市场监管创新、营造良好的营商环境和市场环境发挥了重要作用。该改革旨在通过营造宽松便捷的准入环境、公平竞争的市场环境、安全放心的消费环境，建立以企业信用监管为核心的市场监管新机制，充分激发市场活力和社会创造力，充分发挥消费拉动经济增长的作用，释放消费潜力，为经济转型升级创造条件。

东莞是改革开放的先行地，也是商事制度改革的策源地。2012 年 5 月，东莞市大朗镇作为全省商事制度改革试点地区之一，承担起为全国、全省改革试点探路的任务。同年 12 月，改革在全市推开。东莞坚持以法治为引领、以人民为中心、以问题为导向，主动承担 10 多项全国、全省试点任务，因地制宜推出企业集群注册、住所信息申报、"银政通"一体机等改革品牌，持续降低市场准入制度性成本，全面提升企业开办经营便利度。东莞开办企业办事从 10 多个环节缩短为 3 个环节，最快 1 个工作日可以完成企业开办所有手续。全市市场主体连续 8 年保持 10 万户以上的增长，初次来莞创业者每年净增逾 10 万人。截至 2020 年 7 月底，全市实有市场主体 128.2 万户，其中，企业 58.38 万户，个体工商户 69.7 万户，均居全省地级市首位。

东莞在前端准入和后端监管统筹推进、双向发力的做法，使东莞商事制度改革成为全国商改机制设计最系统、机制迭代最迅速、机制闭环最完善的案例之一，成为全国商事制度改革一个精彩而生动的缩影，得到各界认可。2016—2018 年，东莞开办企业便利度连续三年位居全省前三、地级市第一。2016 年、2018 年，东莞因商事制度改革领域加强后续监管成效突出，先后获得国务院督查激励。2018 年，"构建'一平台三工程'科学市场监管体系"荣膺第五届"中国法治政府奖"。2019 年，广东省人民政府办公厅印发《关于做好优化营商环境改革举措复制推广借鉴工作的通知》，将东莞市"一平台三工程"纳入广东省优化营商环境改革供借鉴的 11 项改革举措清单。2020 年 6 月，东莞"深化商事制度改革"通过全国法治政府建设示范项目公示，有望再获国家级殊荣。2019 年，全市生产总值达 9482.5 亿元，同比增长 7.4%，增速珠三角第一。东莞首次跻身"中国综合经济竞争力城市榜"前十强，外贸综合竞争力连续三年位居全国第三，政商关系健康指数连续两年排名全国第一。

作为全国首个全面推开商事制度改革的城市，东莞商事制度改革创造了一系列独具特色的改革经验，探索出具有东莞特色的改革路径，其经验在全省乃至全国内复制推广，为全国商事制度改革探索可复制的"东莞模式"。

二、现存问题

商事制度改革包括放宽市场准入、强化事中事后监管、优化服务三个方面，旨在优化营商环境、促进经济增长，推动治理体系、治理能力的现代化。其在为创业就业打开方便之门的同时，常常为后续监管带来压力和挑战，现有商事制度改革面临一些监管难题。首先在监管力量方面，基层监管人员难以应对成倍增长的市场主体；其次，在监管理念上，传统的监管模式难以转变；再者，在监管手段方面，市场监管难度的增加要求监管手段不断更新；最后，在监管机制上，部门功能的碎片化与市场监管的系统性存在一定的冲突。

（一）监管力量与监管体量的增长不相适应

商事制度改革后，监管面临一个问题，即现行监管执法为了减少对企业的干扰，切实减少对微观领域的直接干预，采取"双随机、一公开"的方式监管，每年抽查比例不低于5%，抽查结果在国家企业信用信息公示系统公示。但是，"双随机、一公开"只是日常监管，抽查面小，且只是对市场主体中的企业抽查公示，而市场主体总量目前已经迈入"亿户时代"，其中实有企业总量大约仅为28%多一点。目前监管一方面采取抽查制，另一方对某些行业和领域如食品、药品则要求进行全覆盖式的监管。改革推开八年来，东莞的市场主体从56万增长到128万，其中企业从15万增长到58万。然而在市场土体数量与监督体量成倍增长的同时，基层监管执法人员数量却没有出现相应增长，监管压力和监管任务愈发艰巨。

（二）监管理念和监管能力现代化的要求不相适应

商事制度改革之后，前端门槛放开，重点就落在后端的监管和服务上。以往的监管理念主要依靠审批，在前端设置一系列门槛和条件，有些审批照搬文件，有的甚至不办，但是后端的监管却比较宽松，难以同改革后的现状相适应。同时，传统的监管模式强调属地管理、行业管理，政府部门大包大揽，社会力量没有充分调动起来，市场主体自我责任弱化淡化，违法违规问题难以有效根治等问题依然存在，这也对我国的法律制度、执法制度、诚信制度有了新的要求。

（三）监管手段与日益复杂的市场环境不相适应

商事制度改革后，新技术、新业态、新模式持续涌现，市场监管的难度和复杂性不断提升，违法行为更加隐蔽，传统的"人盯人""撒胡椒面"式的人海战术越来越捉襟见肘。一方面，改革前工商部门主要依靠巡查手段进行监管，巡查是否存在注册资本抽逃、超范围经营等情况，改革后主要依靠信用约束进行管理，重点以企业自律为主，企业主动向社会公示经营状况，实行年报制度，接受整个社会的

监督。另一方面，改革前注册资本采用实缴制，改革后采用认缴制，包括注册地址信息申报制、企业集群注册等，后续监管难度大大增加。

（四）监管机制和改革协同推进的要求不相适应

市场监管是一项复杂的系统工程，需要跨部门、跨条线的信息共享和高效协作。商事制度改革后，主要事项归于后续的监管，这便需要各部门之间充分协调合作，并明确划分后置的部门职责。早在商事制度改革启动之初，东莞就提出一个思路，即"谁审批、谁监管，谁主管、谁负责"。然而由于现行行政管理体制存在条块分割问题，部门之间配合协调的难度较大。当前，跨部门的"信息孤岛"现象依然存在，信息归集与共享程度仍然较低，数据碎片化、分散化的现象还比较突出，信用约束管理尚未形成合力，"放开放活快、后续监管难"的问题亟须破解。

三、改革举措

共建共治是实现市场监管体系和能力现代化的关键一招。为了有效解决市场监管的痛点难点，东莞充分发挥商事制度改革先行优势，围绕市场监管创新目标，以跨界协作理念打造多主体多因素的融合汇集、优势互补、深度合作的市场监管协同创新平台，将政府部门、村（社区）、市场主体、商协会、第三方平台、社会公众等元素融入"一平台三工程"建设，以科技赋能共治管理，激活、引导和调动更多的社会力量和资源参与监管，让更多共治主体同策同力、协同共治，延伸监管触角，构建立体化市场监管体制机制，探索出一条独具特色的市场监管体系和能力现代化的实施路径。

（一）"一平台三工程"环环相扣、互相促进

1. 协同创新平台

该平台聚焦理念创新、机制创新、体系创新。内强组织，加强市

场监管体系建设的统筹协调，聚合监管资源力量。外引智库，吸收高校专家外脑的智慧成果，促进理论与实践的良性互动。平台为三大工程提供科学有效的协调运作机制和资源支撑，全面提升监管整体性。

2. 协同监管工程

打破传统的政府一元治理视角，强调在市场监管体系中融入多元主体。一方面完善监管规则，厘清监管事权，加强政府部门监管协同；另一方面发挥和依靠行业协会、第三方平台、社会公众等多元力量，推动企业落实主体责任，形成市场治理综合体，全面提升监管联动性。

3. 智慧监管工程

利用新一代信息技术赋能，通过大数据、物联网、人工智能手段，让参与协同监管的各个主体以节点形式串联起来，形成共治管理闭环，打造信息高效融汇的"数据枢纽"，建立风险智能防控的"安全堡垒"，让监管资源的分配更加科学、合理和充分，全面提升监管精准性。

4. 信用监管工程

绘制全面多维的企业信用画像，打通社会公众的信用查询渠道，在充分掌握信用信息、综合研判信用状况的基础上，对监管对象进行分级分类，根据信用等级高低采取差异化的监管措施，建立守信激励和失信惩戒机制，打造以信用为基础的新型监管机制，全面提升监管科学性。

（二）多主体多因素融合汇集、协同共治

1. 突出部门协同，加强监管协调联动

着力打破部门间沟通联系和密切合作的信息壁垒。自主开发协同监管信息化系统，市场主体办理设立登记或办理地址、经营范围变更登记后，涉及后置许可事项，属市级审批、监管、执法事权的，由系统根据经营范围关键字自动推送市级许可监管部门，部门履行许可监管职责并按规定时限在系统进行反馈。不属市级监管事权或属前置审批的，部门可选择通过共享方式获取相关信息。自开发以来，该系统

已累计推送监管任务 190.26 万条，已办结 180.29 万条，许可办证率为 69.56%。

开发市"双随机一公开"抽查工作系统，覆盖全市 38 个监管执法部门、4387 名执法检查人员，实现跨部门联合抽查全流程信息化、痕迹化。2019 年，东莞全市共随机抽查检查各类对象 12.8 万户，开展跨部门联合抽查 71 次，累计联合抽查各类检查对象 3346 户，实现抽查结果 100% 公示。

建立市场监管领域联合奖惩机制，原工商、税务等 18 部门签署失信企业联合惩戒工作备忘录，依托协同监管系统共享经营异常名录和严重违法失信企业信息，在申领税票、银行账户交易等方面对其实施限制或禁入，累计共享经营异常名录信息 24.8 万条。会同发改、住建等 15 个部门联合签署联合激励合作备忘录，相关部门在日常监管、审批备案、资金申请等工作中对守重公示企业给予 55 条激励措施，形成"守信者一路畅通、失信者处处受限"的良好氛围。

2. 突出社区协同，筑牢基层防护屏障

针对人口和经济活动密度大、外来人口多、工业园和居民区混杂、监管力量和监管对象严重不匹配、市场监管和社会治理难度较大的问题，东莞市积极推动市场监管对接融入全市社会服务管理"智网工程"。

依托全市 9889 名网格员、2456 个基础网格，充分发挥社区属地管理优势、部门协同监管合力和社会力量自我管理动力，建立信息互通、统一调度、资源共享的基层综合监管新模式。市场主体办理设立登记或办理地址、经营范围变更后，同步匹配标准地址和许可办理等有关信息，生成监管任务推送至网格员手机。网格员根据标准地址信息精准定位市场主体位置，上门核查住所信息及证照办理情况，督促年报及亮照经营，对违法行为先行督促整改。未落实整改的，由网格员通过系统自动推送至后续监管部门进行处理。目前，已推送监管任务 92.04 万条，办结 89.06 万条，办结率 96.76%。网格员上报问题线索 27.20 万条，部门已处置 23.74 万条，办结率达 87.28%。

除了一般以村（居民小组）为单元划定的社区网格外，东莞还以专业市场、集贸市场为试点，在其边界内设置共治网格，按照"党政统筹、部门指导、社区协同、物业自治"的协同共治原则，将部分市场监管事项委托具有自我管理能力和队伍的社会单位履行，实施网格共治管理，建立部门、社区、企业间信息互通和问题协同处置的工作机制，增强政企之间的联动性。

3. 突出主体协同，维护诚信经营秩序

成立个私党委，利用市个私协平台，指导镇街个私协支部和基层小个专党组织开展创建"党员经营企业""党员示范岗"活动，引导党员商户主动亮身份、亮职责、亮承诺，全市累计成立"小个专"党支部184个，覆盖全市33个镇街（园区）。延伸企业共治触角，在行业协会、规模超市、市场商场等重点领域建设649家消费维权服务站，覆盖全市34个镇街（园区），促使企业主动承担主体责任，将消费纠纷更多化解在源头和前端。

以学校食堂为突破口，开发首个融合"边缘计算＋人工智能＋区块链"技术的"明厨亮灶"智慧监管平台，自动采集和分析视频监控、食材供应链、关键人员等多源数据，实现食堂管理"可视、可感、可知"。按照"主体自律、部门督促、社会联动"的原则，建立系统自动分析识别及分级预警处置机制，引导学校强化过程管理，切实落实主体责任，同时将食堂部分视频、经营管理等信息通过小程序的形式对外共享查看，充分发挥社会主体的辅助管理作用，在学校及餐饮服务单位悬起一把"达摩克利斯之剑"，协力构筑食品安全的防火墙。

4. 突出协会协同，促进行业自律管理

充分发挥商协会连接政府和市场主体的桥梁纽带作用。选取房地产行业协会、知识产权保护协会等12家会务运行良好、治理能力较强、与市场监管领域密切相关的商协会成为首批试点单位，加强商协会的党建引领、协同治理、规范经营、信用管理、承接部门管理事项"五大能力"建设。在取得试点经验基础上，发动55家与市场监管业务密切相关的行业协会，成立全国首个市场监管共建共治联合会，配套制定市场监管共建共治会商制度和社会团体共建共治工作指引，

创新"联合会指导协会"工作方式，建立"1＋1＋6"（1家副会长＋1家理事＋6家会员单位）的共建共治帮扶模式，打造会员信得过、行业有威信、政府靠得住、社会有影响的社团组织。

从个别试点到联合共治，东莞商协会充分发挥协同共治效应，"一会一品牌、百花齐放"格局逐步形成。市口罩及装备行业协会发布全国首个专门针对平面口罩生产设备的社会团体标准《平面口罩生产成套设备》，填补了国内该领域的空白。市特种设备行业协会发布《东莞市电梯维保行业自律公约》和《东莞市电梯维护保养成本》两个行业性文件，让电梯维保行业信息更透明。市房地产业协会倡导成立"东莞市房地产企业诚信联盟"，推广使用《东莞市商品房认购书（范本）》，首创性地提出"两天无理由退定"，让买房人拥有"后悔权"。东莞还成立了全省首家"守合同重信用企业联合会"，吸纳自愿入会的东莞本土250家连续10年以上获得公示的广东省"守重"企业和获得原国家工商总局公示的企业成为会员，发挥其示范带动作用，提升"守重"工作成效。

5．突出平台协同，创新网络监管机制

加强与互联网平台的合作，协同各大电商平台实施源头治理。与杭州市市场监管局签订跨区域协作协议，与阿里巴巴、京东、美团点评平台、饿了么餐饮外卖平台签订合作备忘录，在自然人网店登记、投诉举报处理、打击网络售假等方面进行深度合作。开发市场监管投诉举报快速处置平台和投诉举报异常名录库识别系统，与阿里巴巴三大平台后台对接，开通京东处置账号，自动根据订单号获取订单信息、网页快照等信息，实现网络投诉在线调解、举报线索在线处置、投诉举报处理结果在线回复，提高投诉举报处理效率，减轻基层工作压力。

推动建立异常投诉人大数据管理平台，实现数据自动归集、分析画像、风险提示等功能，形成投诉举报异常名录和人物画像。与美团点评平台、饿了么餐饮外卖平台在网络食品餐饮主体核验、信用监管、风险预警、遏制恶意投诉举报等方面建立一系列协作机制，有效规范了网络食品餐饮经营秩序。

6. 突出公众协同，拓展社会监督网络

推进信用监管体系建设，出台《东莞市企业信息公示和信用约束管理暂行办法》，对接国家企业信息公示系统的统一标准，梳理制定企业信息公示清单，明确涉企信息归集公示标准和要求，开发市级涉企信用信息公示系统及其微信端，全面归集各部门登记、许可、监管、执法以及红黑名单等涉企信息，归于企业名下并"一个窗口"对外公示，为公众参与市场监管提供最直接、最便捷的通道。

建设 12345 政府服务热线，整合全市 81 个部门、34 个镇街（园区）、264 条非紧急服务热线，建立集话务、网络、微信、掌上 12345 多位一体的一站式综合服务平台。统一投诉举报渠道，为群众提供政务咨询、民生诉求、投诉举报、效能监督、建言献策等各类政府服务，让举报监督成为举手之劳。2019 年全年 12345 热线共接听来电 221.32 万通，服务市民超过 107.5 万人次，咨询类工单直接解答率 98.65%，获评 2019 年度"中国最佳政府服务热线"。

开展"一起查餐厅""九号查酒"等活动，邀请人大代表、政协委员、行业协会、市民代表一起参与，媒体现场直播检查过程并曝光违法违规行为，让市民直接参与监管过程，充分了解市场监管部门做的工作，增强消费信心，不断提升消费者维权意识和经营者诚实守信意识。2019 年上半年，共举办 3 期"一起查餐厅"、2 期"九号查酒"执法直播活动，累计吸引观看人数超 80 万人次。

四、创新经验

东莞坚持协同创新、多方共赢的改革逻辑，用系统性思维推动"一平台三工程"市场监管体系建设，将制度优势转化为治理效能，解决市场监管面临的共性难题，具有较强的可操作性，在协同治理、网格治理、精准治理、行业治理方面为各地探索了可复制可推广的创新样本经验。

（一）搭建多方参与平台，推动协同治理

打破传统的部门视角，注意发挥和扩展社会共治体系的功能，在食品安全监管、消费维权等民生领域，打通社会力量的参与渠道，吸纳企业、公众和社会组织等多元主体在法律的框架内参与进来，加强对社会力量参与的政策支持，创新社会力量参与的途径与形式，推动建立市场自律、政府监管、社会监督互为支撑的新型治理关系，使多方主体在机制共建、问题共治中实现成果共享。东莞市通过引导"小个专"党支部协助部门发现上报违法线索、履行守信自律主体责任，推动党建主体设立消费维权服务站，制定《东莞专业市场党建工作指导规范》，并在此基础上以专业市场党支部为试点开展网格化管理等，带动了更多党建主体共治共管，成为市场监管的细胞和补充。同时积极构建"党建＋普法"工作模式，探索以党建引领推动市场监管普法工作，结合普法动漫代言人"普法多多"全方位打造线上动漫卡通人物普法与线下党员志愿者普法相结合的模式。建立"支部领导、党小组实施、全体党员齐参与"运行机制，利用《"普法多多"以案说法》《"普法多多"学堂》《多多有话说》等专栏，以线上融媒体、线下面对面的方式，快捷、高效、广泛地发送内容涵盖产品质量、价格监管、企业合同、安全生产和《民法典》的市场监管法律资讯，以提高共建共治主体的法制素养基础。

（二）科学整合基层力量，创新网格治理

构建基于"一张网"的社会治理平台，利用数字技术将人、地、物、事、组织及其变化信息等全部纳入网格之中，推动政府层级间、部门间信息互联互通。将监管部门一些简单但量大的工作放到网格之中，由网格员代行信息采集、政策引导、前置劝导等基本职责。并通过实施共治网格等制度创新，带动社区、企业、党员干部、房东业主等各类力量加入市场监管工作中。在一线构筑起群防群治的工作屏障，弥补部门执法监管力量不足，填补政府管不了或管不到的空白地带。东莞依托全市9889名网格员、2456个基础网格，将市场监管的触角深入至社区、专业市场等前沿领域，有效弥补了部门监管力量的不足，实现了"小网格"撬动"大监管"。

（三）发挥数字技术支撑作用，实现精准治理

以"互联网＋"为驱动，形成市场监管的全新模式，搭建信息化平台，将监管部门、企业主体、利益相关方等各个共治节点有效串联，形成工作闭环，让平台监控代替人力监控、变无形监管为有形监管，使得参与协同的各个角色行为数字化、痕迹化并可记录、可应用，"靶向"定位市场监管风险点，前移风险防范关口，带动治理模式变革。同时应用"人脸识别"技术开发新一代全程电子化登记系统，线上实行"人脸识别"数字签名，线下实行"人脸识别"实名认证，进一步防范假冒身份骗取营业执照的违法行为。

（四）激发商协会参与动力，加强行业治理

作为与政府、企业并存的社会基本构成单元，商协会是市场监管力量的重要补充，在行业内具有明显的技术优势和组织优势。要充分发挥政府职能，支持商协会提高参与市场监管共治的自身能力，完善商协会委托事项管理机制，鼓励其参与制定行业标准和行业自律规范，充分发挥其在深层次纠偏行业乱象、引领行业有序发展方面的独特优势和积极作用，形成市场监管部门与商协会之间的良性互动模式，营造规范有序的行业经营秩序。东莞市通过党建引领商协会参与市场监管共治，发动57家行业协会成立全国首个市场监管共建共治联合会，首创市场监管领域共建共治共享样本。同时制定了《商协会党建引领能力建设工作指引》，为持续提升各行业组织党建管理能力提供了明确方向，并指导市电子商务协会成立试点工作首个协会党支部，为各行业协会开展党建工作提供了示范模板。

案例 8
组建农村科技特派员队伍，支撑乡村振兴创新

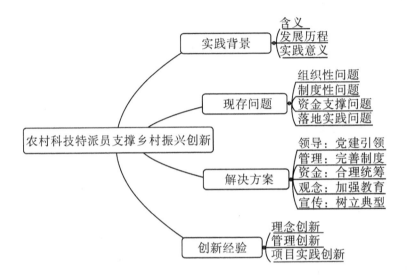

一、实践背景

作为以科学技术支撑乡村振兴的途径之一，农村科技特派员实践逐渐在各地得到了实践，在对科技特派员制度的实践过程与成果进行考察之前，需要对科技特派员制度有一个基本的框架性认识——什么是科技特派员制度，为什么会出现该制度，又为什么在当前背景下选择该制度支撑乡村振兴的发展。

（一）什么是科技特派员制度

2019 年 1 月，21 世纪以来第 16 个指导我国"三农"工作的中央

一号文件《关于坚持农业农村优先发展做好"三农"工作的若干意见》发布。它是中国共产党在实施乡村振兴战略的新阶段、脱贫攻坚的关键期和全面建成小康社会的决胜期出台的一项重要意见，对新时代我国"三农"工作的"硬任务"进行了深刻剖析和明确布置。在文件中，农业科技技术对于乡村振兴的重要战略意义被凸显，农村科技特派员制度作为科技技术下沉乡村的重要途径，也越来越受到国家的重视。

科技特派员制度是指通过市场机制运作引导大批科技素质较高的人才下到农村，充当催化传统农业与现代经济接轨的特派员，在科技、农民、农业龙头企业之间建立起一个直接联系的机制与平台。它的实质是将现代生产要素与传统农业的生产要素结合起来，将农村劳动力、土地资源和科技特派员的知识结合，使科技成果在农民群众脱贫致富的实践中有效地转化，推进农村科技产业发展和经济结构调整，提高农民的组织化程度和生产的产业化程度，促进农业增效和农民增收及农业科技人才、科技项目、资金等生产要素的结合与流动，为解决、满足农民科技需求提供一种新颖思路和视角，从而产生巨大的经济效益和社会效益。科技特派员通过科技推广服务农业，通过创业发展农村经济，通过组织培训向农民传播科技知识，把科技优势转化为经济优势，这种举措，既能保护科技人员投入创业创新的实际效果，又能以农民为主整合各种资源，推动农业产业升级，实现小农户与大市场的对接。成为切实解决"三农"问题，实现农村又好又快发展的重要途径。

（二）科技特派员制度发展历程

1998 年，我国南方地区发生特大洪涝灾害。对于福建南平而言，80% 以上农业基础设施遭到严重破坏，群众生产生活面临前所未有的困难。面对严峻的形势，南平市委、市政府一致认为开展救灾工作、恢复农业生产是当务之急，随即发动全市 3000 多名市、县（市、区）、乡（镇）领导干部驻村入户，组织群众开展生产自救活动。随着该项实践不断深入，逐步形成了一整套组织选派与双向选择相结合，政府引导与市场运作相结合，植根基层直接服务和项目带动典型示范相结合，上下对接、纵横整合、互动联动、一体运作等做法。由此，科技特派员下村服务工作成为一项制度，不断巩固并继续发展，形成了独具特色的"南平经验"。南平市科技特派员下乡活动取得了突出的成效，"南平经验"受到了社会各界越来越多的关注。

2002年5月，科技部组织西北五省科技厅厅长赴南平学习考察，并决定在西北和西南试行推广"南平经验"，并将科技特派员服务行动列入星火计划、科技开发、地方科技建设和体制改革之中。

2004年12月31日，科技部与人事部联合下发《关于开展科技特派员基层创业行动试点工作的若干意见》，并先后联合人事部、农业部分别于2006年和2007年召开了科技特派员工作会议，全面部署科技特派员工作，为科技特派员制度试点工作的发展、实施提供了政策依据和保障，发挥了良好的导向作用。

2008年2月19—20日，科技部中国农村技术开发中心、联合国开发计划署驻华代表处、商务部中国国际经济交流中心在广西北海市共同主办了"中国农村科技扶贫创新和可持续发展信息平台建设"国际研讨会。来自多国专业科技人员、管理者近150人参加了会议。研讨会主要围绕科技特派员制度与扶贫机制创新等议题进行讨论。

2009年4—6月，民政部国家民间组织管理局批准成立了中国民营科技促进会科技特派员创业工作委员会，召开了科技特派员创业工作委员会成立大会，选举产生了首届理事会和主任委员，成立了工作委员会顾问组。科技特派员创业工作委员会的成立为实现和加强部门、地区间联系，开展多种形式的生产、技术、市场、经济、管理等国内外交流、培训与咨询等合作提供全面服务。

同年6月5日，科技部、人力资源与社会保障部、农业部、教育部、中宣部、国家林业局、共青团中央、中国银监会8部门联合召开全国科技特派员工作会议，并举行农村科技创业行动启动仪式。科技部万钢部长围绕推进科技特派员农村科技创业、依靠科技促进城乡经济社会统筹发展作了重要讲话。

2010年，科技部与国家林业局、共青团中央等部门积极沟通协调，全面推进科技特派员农村科技创业活动。一是积极与国家林业局相关司局进行多次沟通，共同研究拟定了《国家林业局、科技部关于开展林业科技特派员科技创业行动的实施方案》。二是积极与共青团中央相关部门沟通，与共青团中央农村青年工作部研究拟定了开展农村青年科技特派员创业行动的实施方案。三是围绕农业产业链建设，建立以新农村发展研究院为龙头，产学研、农科教相结合，全国统筹的新型跨区域农村知识科技创新与服务体系，与教育部积极磋商，积极推动成立社会主义新农村发展研究院等工作。

2016 年 1 月，中共中央、国务院发布《关于落实发展新理念加快农业现代化　实现全面小康目标的若干意见》，强调进一步推行科技特派员制度，鼓励支持科技特派员深入一线创新创业。同年 5 月，国务院办公厅印发《关于深入推行科技特派员制度的若干意见》，提出创新科技特派员的选派和管理机制，营造专业化、便捷化的农村科技创业环境，首次在国家层面对科技特派员工作作出制度安排。

2018 年 8 月，科技部印发《中共科学技术部党组关于创新驱动乡村振兴发展的意见》，提出要加强科技特派员等农业农村科技人才队伍建设。深入推行科技特派员制度，完善落实科技特派员选派政策，鼓励各地创新开展专家服务团等选派方式。

（三）广东农村科技特派员制度实践意义

作为我国农业科学技术领域的一项重要制度创新，科技特派员制度自 1999 年创设以来对我国农村科学技术推广、农村经济建设等方面发挥了重要作用。该制度旨在引导我国各类科技人才、创新创业人才和有关单位协同合作，共同将现代科学技术、农业信息、管理经验、资金设备等现代生产要素传递到我国农村地区，并和我国农民形成一个"风险共担、利益共享"的共同体，从而有效推动农村科技创业、科技服务等事业的发展。

由于科技特派员制度满足基层探索、群众需要、实践创新的需要，是推动农村改革发展的重要抓手，自 2019 年开展科技特派员试点工作以来，各地方在实践中创造了各具特色的科技特派员创业与服务模式，在全省形成了充满生机的良好格局。农村科技特派员走在农业一线，围绕当地产业和科技需求，与农民建立"风险共担、利益共享"的利益共同体，开展创业和服务。该项制度的运行有力推动了农业科技成果转化和应用，形成了科技人员深入农村开展创业和服务的有效机制，为增加农民收入、发展农村经济作出了重要贡献。科技特派员工作得到了党中央、国务院领导的充分肯定，受到了广大农民的积极欢迎。

为深入贯彻落实习近平总书记关于科技特派员制度的重要指示，贯彻落实中央乡村振兴战略，大力推进农村科技创新创业人才队伍建设，充分发挥科技特派员服务"三农"的重要作用；同时，为深入贯彻落实科学发展观，适应国际国内形势的新变化，实现农村改革发展的战略目标，充分发挥科技在发展现代农业、建设社会主义新农村、推进城乡经济社会一体化发展中的重要作用。2019年，广东省政府出台《关于进一步促进科技创新的若干政策措施》，明确农村科技特派承担重点派驻任务视同承担省级科技计划项目，纳入职称评价、职务晋升考核体系，为农村科技特派员开展工作创造了良好条件。因此，根据省委、省政府的总体部署，省科技厅积极实施农村科技特派员工作，围绕科技创新、乡村振兴战略进行布局，引导和鼓励农村科技特派员深入基层。

广东省自开展这项工作以来，培训农村基层技术人员和农民约63万人次，推广先进农业和农村适用技术4615项，汇编实用科技成果1000余条，与农民建立利益共同体1100多个，服务农业企业7745家，累计为17万户农民直接提供各类农业科技服务。通过不断完善工作机制、加强政策激励、开展精准对接、做好宣传发动、树立典型案例，积累了良好的经验，广东省农村科技特派员工作特色做法逐步形成，为农业产业兴旺、农村经济发展和农民脱贫致富作出了重要贡献。

二、现存问题

农村科技特派员制度是通过将掌握高端技术与知识的高素质人才下放至农村，以技术支撑农业发展，从而实现乡村振兴的战略，然而在这一制度具体实行的过程中，往往存在着许多问题。首先，科技特派员组织本身缺乏强有力的精神领导与队伍建设，在技术支撑上不够到位。其次，在项目落地过程中的硬性条件支持上，往往受到资金不足的掣肘。最后，项目落地的具体实践上，由于落后地区的教育发展程度有时无法满足项目需求，故而科技观念上的相对落后也使得地区与项目对接时产生问题。

（一）科技特派员组织性问题

1. 党建引领的重要性

在科技特派员进行科技帮扶实现乡村振兴战略的实践过程中，往往容易忽视党的领导在这一过程所发挥的作用。一方面，在科技服务工作开展的具体过程中，缺乏与相关党的关键性文件与关键性精神密切结合，这容易失去了培养基层红色基因的机会，也容易使得科技下沉的项目失去发展方向。另一方面，科技服务工作实质上也是一个与地方民众密切联系并对其进行教育的机会，若在这一过程中失去党建领导，则会产生脱离群众基础的风险。

2. 科技特派员团队建设

在科技特派员进行乡村科技帮扶的过程中，人手紧缺，队伍不够强大往往是制约地方乡村振兴科技帮扶发展的重要原因。下沉至地方的科技特派员团队刚开始往往只有两三个人，而地方的科技帮扶乡村振兴项目往往需要进行切实的调研，之后才能确定适合当地情况的帮扶项目，这样的队伍是远远无法满足如此庞大的工作量需求的。

除了科技特派员队伍需要不断增派人手之外，科技特派员组织本身也应该维持自我生存的独立性，保持组织运行的稳定性与发展潜力。随着乡村科技实践的不断深入，科技特派员队伍本身也应当有延续与发展。加强科技特派员队伍的团队建设是维持该帮扶制度不断深入的重要举措。

(二) 科技特派员的制度性问题

农村科技特派员帮扶乡村振兴战略的实践也存在着制度性问题，政策机制不完善，扶贫单位和科技部门之间没有建立起长效合作机制，使得扶贫政策的开发缺少针对性，与地方实践出现脱钩的现象。

此外，扶贫企业与政府部门内部扶贫相关机构间的关系也需要进一步的调整与改善，政府搭台是打通扶贫产业链的推手，但在扶贫过程中，如果仅仅依靠政府或者农民，是无法维持长期的发展收益的，所以扶贫最后还是需要依靠企业，通过企业创新实现扶贫产业链的可持续发展，因此，在扶贫工作的制度性层面上，也应当为扶贫项目的独立运作留出空间，为政府工作的介入程度厘清边界。

(三) 科技特派员实现乡村科技下沉资金支撑问题

扶贫工作往往是不能一蹴而就的，需要事前调研，方案确定与实践以及后期维持可持续扶贫工作等一系列工作，而这些工作需要一定量的资金来支撑前期投入，而资金短缺的问题往往掣肘扶贫工作的开展。

前期工作中，科技特派员需要对不同地方的实际情况做足充分的调研工作，对每个村子现有的可利用资源与实际环境进行考察，这之中的人力成本需要资金支撑。在项目实践过程中，几乎所有的科技扶贫项目都需要前期固定成本的投入，如科技设备的建设，之后才能交由企业进行可持续的扶贫开发，而这中间的链条也同样需要资金投入。资金不足往往导致扶贫工作过程中的环节运作得极为不顺畅或是直接停止运作，拖缓地方扶贫工作开展的进度。

(四) 科技特派员制度落地实践问题

科技扶贫项目落地的最大阻力主要来自地区观念。由于贫困地区科技观念落后，故而单纯依靠科技设备难以从根源上改变贫困的现状。同时，农民的传统观念具有局限性，教育程度的有限使得他们对于科技的理解和操作受到影响，对于科技扶贫项目的具体操作与运用一时难以理解，这为科技乡村下沉实践的推广增添了不小的难度。除此之外，观念上的相对落后也使得各村自身的特色和技术运用之间不是十分匹配，对当地农民进行培训与教育需要成本投入，解决地方实际与科学技术间的衔接问题是推动科技扶贫项目进一步落地的重要环节。

三、多渠道、多环节解决科技帮扶乡村现有问题

合理解决科技特派员科技帮扶支撑乡村振兴战略中所存的问题，需要从内部确认党的组织领导，同步机制体制改革，加强部门协同管理能力，合理解决资金短缺问题，从外部在农村加强科技宣传与教育，推动观念改革，同时配合渠道宣传，树立典型，传播经验，从而达到农村科技下沉的可持续发展效果。

（一）坚持党建引领，融合科技服务

解决当前科技特派员工作与党的工作指引融合不够密切的问题需要推进党建和科技服务深度融合。倡导和鼓励广大农村科技特派员在深入基层开展科技服务工作时，学习贯彻落实习近平总书记对广东重要讲话重要指示批示精神，用深入浅出的话语大力宣传红色思想，培植红色基因。开展"听党话，感党恩，跟党走"主题宣讲活动，以组织讲座、张贴宣传标语和发放学习资料等形式，增强农民对党的认同，提升思想高度，紧跟党的步伐，牢固党在农民心中的引领地位。

（二）完善制度建设，提升管理水平

完善体制机制，在内部加强部门协作。广东省科技厅联合省扶贫办、省委农办、省农业农村厅、省教育厅、省林业局、省科协等13个部门共同制定发布《广东省农村科技特派员管理办法》（以下简称《管理办法》），多部门协同联动，依靠制度机制提升效率，加强科技

扶贫对接，保障农村科技特派员工作顺利开展。《管理办法》中明确提出"联合省委农办、省扶贫办、省农业农村厅、省教育厅、省林业局、省科协等部门开展农村科技特派员入库、选派对接和需求调研等工作；联合省委组织部发动符合条件的驻村第一书记加入农村科技特派员队伍"①，通过多部门联合，共同推进工作的开展。除了加强跨部门联合协作能力，也应当同步完善组织自我管理模式，建立新型社会化农村科技推广服务制度。不断完善农村科技特派员"大专项+任务清单"的管理模式和"三库一平台"建设，构建完善农村科技特派员管理系统，充实农村科技特派员库、科技支撑成果库和贫困村科技需求库，制定农村科技特派员考核和监督评价机制，形成一整套行之有效的制度体系。

在外部政府与市场、社会的连接渠道中，也应当加强选派对接工作，实现精准扶贫。依托高校、研究机构、龙头企业、农业（科技）园区、星创天地、产业科技创新中心（基地）、产业技术创新联盟、行业协会、学会以及省级科技重点项目团队等单位和机构，加强农村科技特派员与全省革命老区、中央苏区以及少数民族地区等区域的对接。

（三）合理统筹资金，解决资金短缺难题

面对资金短缺的难题，需要在争取财政资金的同时，合理统筹现有资金。积极争取财政支持，获得更多的资金来源，针对现有资金，合力统筹提升使用效率。广东省在《管理办法》中专设"资金管理"，明确各部门职能，省财政厅研究编制农村科技特派员资金预算，省科技厅研究制定资金分配方案及绩效目标；另外，专项资金实行"包干制"，由派出单位专账核算，统筹用于派驻任务工作开支，

---

① 参见《广东省科技厅 广东省委组织部 广东省委宣传部 广东省委农办 广东省教育厅 广东省财政厅 广东省人力资源社会保障厅 广东省农业农村厅 广东省卫生健康委 广东省林业局 广东省扶贫办 共青团广东省委 广东省科协 广东省地方志办关于印发〈广东省农村科技特派员管理办法〉的通知》，见广东省政府网（http://www.gd.gov.cn/zwgk/gongbao/2021/4/content/post_3367091.html），2021-08-31。

派出单位制定省级重点派驻任务专项资金管理制度。

资金使用要从关键环节，重点角度入手，广东省农村科技特派员经费主要用于以下三个方面：一是组织省级农村科技特派员重点派驻任务，近年来先后安排 2000 多人次进行选派对接，安排农村科技特派员项目 906 个，扶持资金近 9200 多万元。二是组织农村科技特派员下乡发现问题、凝炼科技助农项目科技助农项目 88 项，扶持资金1440 万元，发挥农村科技特派员的主动性和创造性。三是专门给予14 个重点县市专项经费，支持其开展科技特派员建设与对接任务。

加大专项资金投入，也有利于调动科技特派员基层创业的积极性。故而需要多渠道、多途径争取农村科技特派员省级资金扶持，加大对全省农村科技特派员的扶持力度和覆盖面；强化省市联动机制，争取各地市对农村科技特派员工作进行资金扶持。应探索多元化的扶持方式，一方面以项目资金形式继续支持农村科技特派员日常工作开展，另一方面以项目引导和鼓励农村科技特派员基于农村农业需求调研，实施相关成果研发应用项目。

（四）加强宣传教育，推动观念进步

号召农村科技特派员宣传、服务两结合。在深入基层开展科技服务工作中，倡导广大农村科技特派员与时俱进地用农民听得懂的话语大力宣传最新"三农"政策、农业科技知识和科技脱贫致富案例，注重以点带面、示范引领，采取"脱贫一人，带动一村"的策略，更新农民科技观念，逐步由被动接受转为主动吸收。

倡导广大农村科技特派员因地制宜的推广应用科技成果，结合各个村子的地理位置、现有基础等条件推广应用见效快、能落地的新技术、新成果。鼓励农村科技特派员推动科技成果产出来、销出去，借助"农村科技特派员 + 电商"模式，围绕生产、加工、销售等全产业链需求，融合电商、短视频直播等新技术手段，面向农户、合作社开展农村电商知识普及、电商管理经营等技术指导，协助搭建农村电商平台，将科技智慧和思想政策注入乡村发展。

（五）合理树立典型，推广项目经验

一方面，需要为科技特派员的下乡工作营造良好氛围，加强政策宣传报道，营造良好的舆论环境。通过广东省农村科技特派员微信公众号、《科技日报》、《南方》杂志社、《南方农村报》、南方＋等各类媒体加强典型宣传和专题报道，宣扬农村科技特派员工作中的成功经验、模范事迹，弘扬创新创业和奉献精神，为农村科技特派员开展工作营造良好氛围。

另一方面，也应当注意到，在进行科技扶贫的地区，仍然有很多不成功的案例。新闻报道中呈现了很多成功的典型案例，却无益于那些科技下沉不成功的地区，原因在于，在宣传过程中往往只注重展现科技成功支撑乡村振兴战略的结果，而没有形成一个提供借鉴经验的、可供参考的教材。

固然，在科技下沉的具体实践中，应当具体问题具体分析，结合各地不同情况开展，但在一些体制相关的组织建设问题上，是有许多经验可以互相借鉴的，有许多问题是共存的。因此，在这种情况下，应当及时总结经验，形成可供他人学习借鉴的、解决问题的思路和方案，共同助力科技支撑乡村振兴项目。

四、创新经验

农村科技特派员制度在广东的实施，是一个紧跟时代发展，不断创新以适应地区发展需要的实践过程。在思想上，广东一直紧紧跟随党中央的最新指示，实现扶贫工作理念创新；在科技特派员制度的体系建设上，广东在内外部的组织建设、制度建设上不断推陈出新，努力提升科技服务水平；在科技下沉的具体项目实践过程中，广东践行着技术创新的精神，并全力推动工作围绕项目展开。在创新工作的支撑下，广东省农村科技特派员制度实践得以取得不俗成绩。

（一）密切联系党的指示，推动理念创新

习近平总书记对科技特派员制度推行 20 周年作出重要指示："创新是乡村全面振兴的重要支撑。要坚持把科技特派员制度作为科技创新人才服务乡村振兴的重要工作进一步抓实抓好。广大科技特派员要秉持初心，在科技助力脱贫攻坚和乡村振兴中不断作出新的更大的贡献。"① 省科技厅坚持从人民群众中来，到人民群众中去的工作理念，紧紧围绕我国现代农业和新农村建设对科技的需求，以农村科技特派员创业链建设为重点，以体制机制创新为动力，以政策引导支持为保障，促进科技要素带动资金、人才、信息、管理等其他生产要素向农村聚集，加速农业科技成果转化，促进区域优势特色产业及县域经济发展，推动农村经济社会又好又快发展。

（二）内部管理体系创新

1. 多主体融合提升组织管理能力

省科技厅坚持建立新型社会化农村科技推广服务体系，并为此做出以下三点举措。

第一，推进协同管理，健全政策体系。2016 年，《广东省人民政府办公厅关于深入推进科技特派员制度的实施意见》出台，明确农村科技特派员的选派、考核、晋升、身份去留、成果分享等关键问题，进一步完善了农村科技特派员选派机制，为广东省农村科技特派员工作提供了强有力的组织保障，推动形成农村科技特派员"想下去、下得去、留得住、用得好、起作用"的农村科技发展格局，为广东现代农业发展和新时期精准脱贫提供了坚实的科技、人才和平台支撑。

第二，加强组织管理，提高资金使用效率。广东省采取省市联动纵向协同、"大专项 + 任务清单"的管理方式，将资金切块下达给有关高校、科研机构和各地市科技管理部门，大幅下放科技项目管理权

① 参见《习近平对科技特派员制度推行 20 周年作出重要指示》，见中国政府网（ht-tp://www.gov.cn/xinwen/2019 – 10/21/content_5442820.htm），2021 – 08 – 31。

限。2019 年，广东省科技厅与广东省扶贫办联合推进省市联动纵向协同管理机制，要求相关地市科技部门细化责任分工，积极协调保障农村科技特派员精准对接，形成农村科技特派员大团队协调配合行动的局面，有效推动了整村扶贫、整村脱贫。

第三，引导社会力量支持和参与农村科技创业。鼓励引导各类民间社会资本支持科技特派员农村科技创业，加强与共青团组织等社会团体及民间组织合作，将农村科技特派员农村科技创业融入各种惠农社会活动中，探索建立农村科技特派员社会奖励机制。

2. 重组农村科技服务网络，调动特派员积极性

省科技厅坚持以项目为载体，以科技人员为纽带，以广大农民为主体，用市场经济的体制重组农村科技服务网络，将农业科技人员的积极性充分调动起来。

首先，大力引入竞争机制，精简机构，竞争上岗；在分配体制上，按科技人员的科技成果及其转化效益、科技进步贡献率进行分配。其次，根据科技人员的技术专长确定选派方向，一方面，根据各地的优势产业和特色产业的实际需求选派科技人员；另一方面，农村根据当地实际情况和项目建设需求选择科技人员，形成项目选人和人选项目的双向选择机制，在实践中不断提高科技与农业产业结合的效果。最后，在组织管理上，广东省采取省市联动纵向协同、"大专项＋任务清单"的管理方式，将资金切块下达给有关高校、科研机构和各地市科技管理部门，大幅下放科技项目管理权限。通过积极协调保障农村科技特派员精准对接，形成农村科技特派员大团队协调配合行动的局面，有效推动整村扶贫、整村脱贫。

（三）项目落地实践举措创新

1. 创新技术支撑扶贫全链条

过去的科技下沉的服务环节往往只局限在项目、地区的具体选择与实施这单一环节，而在广东省的项目实践中，一方面，将服务环节从产前、产中延伸至产后，不断拓宽扶贫链条，另一方面，不断尝试以最新技术支撑全链条扶贫过程，并取得了成功。

广大农村科技特派员积极利用 5G 直播、短视频等新媒体手段，拓宽农产品销路，实现产销对接全链条覆盖，争做优质农产品的代言人，打造"农村科技特派员＋电商"新模式。广东省农村科技特派员赵春江院士、罗锡文院士、刘雅红校长、廖森泰书记、程萍校长、潘新祥校长等多名农业科技领军人物也参与其中。截至目前，已举办多场直播活动，累计带动百余名贫困户实现增收，吸引线上观众 300 多万人次，助销农产品价值 500 多万元。从科技为支撑，不断创新强化技术手段，助力乡村振兴战略。

2. 以项目支撑提升对接效率

以往科技特派员制度的开展，往往是科技特派员被动接受的过程，缺乏主动介入当地、与地方紧密联系的积极性，这往往导致项目与实际脱钩，降低科技服务质量，也难以解决特派员下乡实施科技帮扶的持续性难题。

为了解决该问题，2016 年以来，广东省重点围绕省级建档立卡的 2277 个贫困村和革命老区、中央苏区以及少数民族地区，发动各县（市、区）科技局搜集本地区的技术需求，分批向全省有关高校、科研院所征集农村科技特派员入库。截至 2020 年 6 月底，共组织 4 批次省级农村科技特派员重点派驻任务，先后发动中山大学、华南农业大学等 60 多家单位，组织农村派科技特派员 878 个团队，近 2160 人参与农村科技特派员选派对接。安排农村科技特派员项目 906 个，扶持资金总额 9200 多万元，农村科技特派员对接 2277 条省定贫困村全覆盖的工作已全面完成。

2019 年，为进一步引导更多的农村科技特派员积极发挥主动性和创造性，去挖掘、研究和解决农村科技问题，广东省组织开展农村科技特派员下乡发现问题，凝炼科技助农项目工作，并对凝炼出的阻碍农业农村发展瓶颈问题的 88 项项目进行重点支持，投入经费 1440 万元。该做法是全国首创，是农村科技特派员工作模式由被动式、任务式转变为主动式、清单式的一次尝试和探索，在农村科技特派员中引起了广泛响应。

案例 9
"互联网＋不动产登记"，助力"数字政府"建设

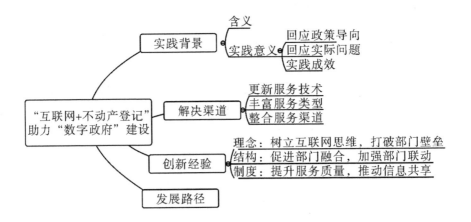

一、实践背景

党的十九大报告明确提出，要转变政府职能，深化简政放权，创新监管方式，增强政府公信力和执行力，建设人民满意的服务型政府。①

（一）"互联网＋不动产登记"的定义

"互联网＋不动产登记"就是以简政放权、放管结合、优化服务为核心，以数据治理共享和流程优化为重点，以大数据、云计算、移动互联网等新兴技术为支撑，以增强人民群众获得感为落脚点，开启

---

① 习近平：《决胜全面建成小康社会　夺取新时代中国特色社会主义伟大胜利——在中国共产党第十九次全国代表大会上的报告》，人民出版社 2017 年版，第 39 页。

不动产登记极速办理模式,实现"群众跑腿"到互联网"数据跑腿"的转变,且已成为加强不动产登记治理体系和治理能力现代化建设的必然趋势和发展方向。

(二)实践意义

1. 回应中央政策导向

党的十九大报告明确提出,要转变政府职能,深化简政放权,创新监管方式,增强政府公信力和执行力,建设人民满意的服务型政府。[①]"互联网+不动产登记"就是以简政放权、放管结合、优化服务为核心,以数据治理共享和流程优化为重点,以大数据、云计算、移动互联网等新兴技术为支撑,以增强人民群众获得感为落脚点。

2. 回应当地实际问题

政府的政策出台都必须以现实问题为政策导向,否则极易出现公共资源浪费的现象,在未通过信息化"数字政府"解决不动产登记问题之前,东莞市内的不动产登记可谓是程序烦琐,效率低下,给居民的日常生活造成不小的麻烦,但在数字化政府的建设管理下,不动产登记流程得以优化、提升。

东莞市作为新一线城市、粤港澳大湾区重要节点城市,房地产交易市场十分活跃,过去3年不动产登记保持在年均50万宗、日均2000宗的庞大规模,传统的实体窗口办理模式既无法满足企业群众日益增长的业务需求,也不符合新一线城市优化营商环境的改革定位。特别是,东莞是全国少有的不设区县、市镇二级审核架构的地级市,各镇街(园区)均设有不动产交易、登记部门。商品房交易办证业务纸质材料在企事业单位之间来回送件、重复查验、多重审核、耗时费力。一方面,市镇两级不动产登记部门加班加点、疲于应对;另一方面,企业群众急于办证,对登记部门工作效率不满意,投诉频繁,中介倒号问题时有反映,登记部门一度陷入进退两难的尴尬

---

① 习近平:《决胜全面建成小康社会 夺取新时代中国特色社会主义伟大胜利——在中国共产党第十九次全国代表大会上的报告》,人民出版社2017年版,第39页。

境地。

3. 实践成效

（1）群众办事成本大幅降低。

改革前，群众购买一手房的签约、备案、按揭、抵押总流程平均耗时为 20 个工作日，最长可达 1～2 个月；改革后，所有网上申请业务 1 个工作日内办结，实际平均 30 分钟办结。改革前，办理上述 4 个业务，业主、房地产开发企业、商业银行、镇街不动产登记中心需要跑腿次数累计多达 18 次以上，提交纸质材料 22 项；改革后，房地产企业、商业银行通过电子印章，市民通过人脸识别签订商品房买卖合同、预告，登记约定申请表，线上"虚拟窗口"申请，实现"零跑动"、纸质材料"零提交"，彻底铲除中介和窗口"吃拿卡要"的生存土壤。改革前，二手商品房抵押登记办结时限为 3 个工作日，申请人、商业银行工作人员需要在镇街不动产登记中心、商业银行、市不动产登记中心之间来回奔波，从申请抵押登记到银行放款平均耗时长达 1 个月；改革后，申请人只需跑一趟银行，最快 30 分钟即可完成抵押登记。目前，市内的农业银行、招商银行、民生银行、浦发银行 4 家银行实现 4 个小时内放款，大幅缩短了企业群众的融资周期，减轻了企业和群众融资成本。截至 2020 年 6 月底，全市通过银行网点办理抵押登记共超 1.6 万宗，融资金额超 300 亿元。

（2）行政审批成本大幅压减。

以办理商品房销售合同备案登记、商品房销售按揭登记、预购商品房预告登记、预购商品房抵押权预告登记 4 项业务为例，过去需经过市镇两级审核、5 个环节办理，需审核人员 142 名。改革后压缩为"一件事"、一级审核、一个环节办理，仅需约 10 个审核人员即可完成全市业务量，办结时间由 5 个工作日压缩至 1 个小时内办结。

（3）企业融资困难有效解决。

改革后，东莞市整体营商环境得到了极大的改善。通过互联网的数据共享，企业业务办理需要通过银行审批的流程大大缩短，不需要再提供营业执照，代理人身份证明和委托书等烦琐的资料，群众办事少跑腿，银行办事更加简便，房地产企业销售回笼速度也更快了。

过去房地产项目从开卖到银行回款需要 6 个月，改革后通过"一件事""零提交""零跑腿"，只需 1 个月就可回款达 90% 以上，一年可为开发企业节省时间及融资成本约 30 亿～50 亿。

（4）为全国"互联网 + 不动产登记"改革提供了东莞经验。

2019 年，东莞市不动产全流程电子化登记模式得到了时任广东省委副书记、省长马兴瑞等领导的表扬和肯定。2019 年 12 月 18 日，广东省自然资源厅印发通知推广东莞不动产登记全流程电子化登记模式。2020 年 2 月 14 日，广东省政府印发通知推广东莞市不动产智能化申办、电子化审批改革建设经验。工作做法被《中国不动产》杂志刊载，改革成效获得中央电视台《经济半小时》栏目、《南方日报》、南方 + 等媒体报道。"不动产登记 + 金融"一体办改革纳入东莞市六大"放管服"改革品牌。先后有宁夏、陕西、湖南等省市 20 批次的学习调研团前来考察学习。

二、多渠道解决不动产登记现存问题

（一）更新服务技术

"四电融合"应用于不动产登记，实现新建商品房交易办证全程电子化。2019 年初，在《中华人民共和国电子签名法（2019 修正）》出台前，准确把握"互联网 + 政务服务"改革的发展方向，突破《电子签名法》《不动产登记暂行条例》的限制，在全国率先将人脸识别、电子合同、电子签名、电子印章、电子档案、电子证照等技术手段全部应用于不动产登记工作中，有效克服了"互联网 + 不动产登记"改革的卡脖子难题。同时加强数据治理和数据集成共享，扎实开展不动产登记电子证照签发、权籍调查改革、不动产登记数据整合等工作，开发不动产登记在线申请系统，推动房屋网签系统与不动产登记在线申请系统的无缝对接，将不动产登记相关的工商、税务、住建等近 10 个部门的结构化数据全部迁入到在线申请和业务审批系统。实现一手商品房全流程的网签合同、合同备案、预告登记、预告抵押、确权登记、一手办证全部在线极速办理，一个工作日内审批出电子证照，最快1个小时可办结出证，企业群众全程"零跑腿"、纸质材料"零提交"，有效解决了买房手续多、办证材料多、审批环节多等问题，成为全国首个在不动产交易登记领域实现全程电子化的城市。

这样的数字应用以数据驱动为大前提，通过技术变革推动政务服务与数据深度融合。推进跨部门跨层级跨区域的平台、系统、应用建设，打造云网数一体的数字底座，倒逼部门数字化转型。

（二）丰富服务类型

"一网融合"应用于二手房交易过户，实现不动产登记与税务、民生同步办理。强化电子证照应用，推动多部门信息系统对接，推行二手商品房"不动产交易登记＋税务＋水电气"一窗受理、一网通办模式。申请人在办理房屋过户时同步缴纳相关税费，一并勾选申请办理水电气过（立）户业务，不动产登记部门在办理二手商品房过户后将不动产登记电子证照、业主身份信息共享至民生部门并联过户。实现多项并办业务办理时限由15个工作日压缩至5个工作日，便捷度全国领先。

"不动产登记＋金融"办理抵押，银行4个小时内放款。优化完善"不动产登记＋金融"服务模式，与银行签订合作协议，实现不动产登记平台与全市19家银行业务平台的信息共享。业主与银行签署抵押合同后，可在银行网点通过网络直接提交抵押登记申请材料，银行继续沿用自身业务系统办理抵押业务，通过数据接口发送统一格式的业务资料到不动产登记中心，不动产登记部门在线完成审核后直接颁发不动产登记证照。全程零纸质材料流转，实现二手商品房抵押登记1个工作日、最快1个小时内可办结，银行4个小时内放款。整个过程申请人只需就近跑一趟银行，银行不需向登记机构提供银行营业执照、银行代理人身份证明和委托书等纸质材料，大幅缩短了企业群众融资周期，减轻了企业和群众融资成本。

（三）整合服务渠道

"一小时办结"应用于实体窗口，实现线下业务全城通办。在推行全程网办（线上业务）的同时，在东莞市民服务中心设立不动产专区，依托市一体化政务服务平台实行"前台综合受理，后台即时审批"模式，实现"一次叫号、一套资料、一窗受理、一小时办结、全市通办"，为申请人提供受理、审核到登记发证的"一站式"服务。目前业务覆盖全市 33 个镇街的一手办证、商品房抵押登记和部分二手房业务，办理效率超出国务院要求的"2020 年底前实现 5 个工作日以内办结"的工作目标。

东莞市市民服务中心通过有效简化材料，整合资源受理办理渠道，打破业务壁垒和限制，大大节省了群众线下排队办事的时间。此外，为降低办事退件率，东莞首创全国"结构精简化"的梳理方法，让企业和群众有效、准确提交办事材料，东莞市政府服务数据局也耗费了大量的实践和精力进行数据整理与优化，争取提供"五星级"的政务服务。

三、创新经验

（一）理念：树立互联网思维，打破部门壁垒

近年来，在开展"不忘初心、牢记使命"主题教育中，通过认真学习习近平总书记系列重要讲话精神，东莞市政府清醒地认识到：必须始终坚持以人民为中心的发展理念，把"依法依规发好证、服务好企业和群众"作为不动产登记部门的初心和使命，把不断提高群众的获得感、体验感和幸福感作为不动产登记治理体系和治理能力现代化建设的终极目标。

为此，东莞市政府将"一窗办，马上办，网上办，就近办，一次办"等改革理念贯穿服务建设始终，强化责任担当，打破思想观念上的藩篱和条条框框，牢固树立"互联网＋"思维，积极适应互

联网、大数据时代发展要求，搭乘广东省"数字政府"改革东风，发挥互联网等科技手段的牵引作用和倍增功能，打破"业务部门改革、技术部门服务"的传统思维和工作模式，由技术部门带头改革创新，先行利用数字技术搭建信息化平台，反向推动业务部门改变固定思维、提高审批效率。

（二）结构：促进部门融合，加强部门联动

除了推动理念创新，在政府内部组织架构上同样需要创新调整，在互联网技术的支持下，推动部门间融合联动，减少审核程序，提高行政服务效率。

在统筹方向上，东莞市委、市政府高度重视不动产登记业务，主要领导多次研究部署，市政务服务改革暨"数字政府"改革建设工作领导小组专门印发《关于加快推进"互联网＋不动产登记"改革工作的通知》，明确该项工作由市政务服务数据管理局会同市自然资源局、市住房城乡建设局、市税务局和市住房公积金管理中心等部门协同推进，形成改革合力，确保改革成效最大化。

针对东莞市镇二级审核架构带来的商品房交易办证业务纸质材料在企事业单位之间来回送件、重复查验、多重审核、耗时费力，以及市镇两级登记部门管理体制机制不顺畅等现实问题，2019 年东莞市政府结合本市实际和不动产登记工作特点，积极推动不动产登记业务进驻东莞市民服务中心，加强与市政务服务与数据管理局、市税务局等部门的联动联办，依托市政府一体化政务服务平台，梳理优化工作流程，将原有的市镇两级审核模式调整为市不动产登记中心一级审核模式（复杂登记、历史遗留问题、非公证继承登记除外），申请人可在市民服务中心直接进行申请，市不动产登记中心一级即可完成审核。一方面，通过实施"受审分离"措施，大大减少了不动产登记的审核层级和环节，有效提高登记效率和质量，降低基层不动产登记领域廉政风险，提高群众办事的获得感和幸福感。另一方面，充分借助东莞市民服务中心硬（软）件设施完善配套、政务资源集中丰富、工作人员素质高等优势，推动不动产登记能力和服务水平整体提升。

（三）制度：提升服务质量，推动信息共享

工作思路上做调整，组织架构上做创新，整体的运行制度也必须与此相配合做相应的调整。借用互联网技术，丰富不动产登记服务的种类，推动信息的共享共用，延长整体的服务链条，提高工作人员的素质和能力，在人事上适应整体的服务发展，如此才能够全方位推进"互联网＋不动产登记"项目的建设。

对此，需要着眼打破固有业务范围，提升业务人员"一岗多能"的素质，培养业务"多面手"，建立不动产登记业务全员通办内部管理制度，对窗口工作人员和审核人员之间进行轮岗交流，实行全员通办收件，采用随机派件、按时间顺序办理，让不动产登记办理业务工作人员熟悉受理、审核、登簿、发证等每个登记业务环节，熟练掌握不同登记类型和权利类型办理业务，主动适应不动产登记业务工作全流程、扁平审核的新形势、新要求，最大限度整合优化不动产登记人员力量，激活人员队伍内生动力，提高登记质量和效率，同时也有效压缩审核人员权力寻租的空间。

同时，以数据共享打破部门间信息壁垒，从而提升服务质量。推行"互联网＋房税银"改革，在"房税一体"基础上，推动与税务部门、银行之间的信息共享和并联审批，与市税务局、东莞银行联合开发"房、税、银"一体化便民服务平台，实现了一次受理申请资料，3个单位后台并联审批、同步办理，将原来至少8个步骤、5次往返，减少至"窗口受理、出证放贷"2个步骤、1次跑动。推进"不动产登记＋公用事业服务"一窗办，协同供电、供水、供气等民生单位，研究推行二手商品房"不动产交易登记＋税务＋水电气"一窗受理，房屋过户后将业主身份信息与不动产电子证照共享到水、电、气等部门并联过户。

四、未来发展路径

东莞市"互联网＋不动产登记"的成功案例可总结出以下五点

经验。

（一）坚持党管一切

强化党建引领，充分发挥党委（党组）的领导统筹作用，将不动产登记纳入地方政府治理体系和治理能力现代化建设体系，同步研究部署、同步推动落实，确保"互联网＋不动产登记"改革高起点、高规格、高质量运行。充分发挥基层党组织和党员在攻坚克难中的战斗堡垒、先锋模范作用，强力推进改革。牢固树立以人民为中心的发展思想，确保不动产登记改革始终保持正确的方向。

（二）用活用好政策

紧紧把握国务院推进"放管服"改革、优化营商环境以及广东省"数字政府"改革等机遇，用好用活省自然资源厅推广"互联网＋不动产登记"的政策，充分借力地方政府"互联网＋政务服务"、智慧型政府建设等重大改革，不断提升不动产登记治理体系和治理能力现代化水平。

（三）科技引领改革

打破"业务部门改革、技术部门服务"的传统思维和工作模式，由技术部门带头改革创新，先行利用数字技术搭建信息化平台，反向推动业务部门改变固定思维、提高审批效率。充分运用人脸识别、大数据、云计算、移动互联网及电子签章（名）、电子证照、电子档案等新兴技术，不断提升不动产登记智能化水平。

（四）强化信息共享

加快推进"数字政府"、智慧型政府建设，打破部门之间的"信息孤岛"和数据壁垒，有效整合公安、民政、自然资源、住建、不动产登记、税务、社保、住房公积金、公证、法院、金融管理等多部门的电子证照数据，建立健全跨部门信息实时共享互通的市级大数据信息平台，实现业务数据实时汇交、精准共享、部门电子证照协同互认，为不动产登记全程电子化审批提供强有力的数据支撑。

（五）发动行业支持

充分发挥行业协会的联系作用，在改革过程中率先取得银行、房地产、律师等行业协会的理解和支持，并在宣传上获得相关行业的协助，扩大改革举措知晓面，引导企业和群众改变办证抵押的模式，减轻改革阻力，确保改革措施迅速推广应用。

案例 10
工伤保险"六统一"，推动制度公平创新

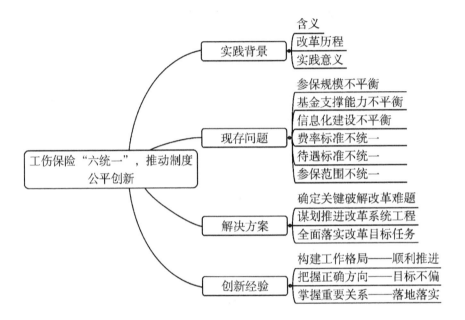

一、实践背景

推进工伤保险基金省级统筹是贯彻党的十九大精神、完善工伤保险制度的重要举措，是一场系统性、深层次的重大改革；是落实中央脱贫攻坚专项巡视整改的重要政治任务和政治责任，是树牢"四个意识"、坚定"四个自信"、坚决做到"两个维护"的重要体现；是坚持以人民为中心发展思想、更好保障工伤职工权益，提高基金共济

能力和使用效率，推动工伤保险事业高质量发展的必然要求。为深入了解广东省工伤保险基金省级统筹改革的过程及经验，本案例将首先介绍工伤保险基金省级统筹改革的含义、发展历程及实践意义。

（一）什么是工伤保险基金省级统筹改革

党的十八大以来，以习近平同志为核心的党中央坚持以人民为中心的发展思想，坚持全覆盖、保基本、多层次、可持续的基本方针，从增强公平性、适应流动性、保证可持续性出发，按照兜底线、织密网、建机制的要求，部署推进更加公平可持续的社会保障制度体系建设，将完善工伤保险制度列入了工作的重要内容。《中华人民共和国社会保险法》《工伤保险条例》规定工伤保险基金逐步实行省级统筹。为进一步完善工伤保险制度体系、推进工伤保险制度公平可持续发展，2017年人社部、财政部下发《关于工伤保险基金省级统筹的指导意见》，明确要求各省在2020年底前实现工伤保险基金省级统筹，全省范围统一工伤保险参保范围、费率政策标准、待遇支付标准、工伤认定鉴定办法、经办流程和信息系统等，基金管理上允许实行"省级调剂金"模式或者"省级统收统支"模式，即"五统一、一调剂"或"六统一"省级统筹模式，明确了省级统筹改革的任务书、时间表和路线图。

推进工伤保险基金省级统筹，核心是工伤保险基金在全省（区、市）范围内统筹调剂使用，基础是统一参保缴费、待遇支付等政策标准和规范工伤认定、劳动能力鉴定、工伤预防、工伤医疗和工伤康复等管理服务，难点在打破原有的管理模式和利益格局，关键要明确各级职责分担、建立激励约束机制。同时，全面推进工伤保险信息化建设，建成省级集中的社会保险信息系统，为实现省级统筹提供必要支撑。要切实加强基金管理，实行全省（区、市）基金收支预算管理制度，加快提升基金预算编制水平，支持有条件的省份实行基金统收统支管理，稳妥处理各市（地）原基金结余；目前暂不具备条件的省份可以先在省级建立调剂金，由市（地）按照一定规则和比例将基金上解到省级社保财政专户集中管理，用于调剂解决各市（地）

工伤保险基金支出缺口。

（二）工伤保险基金省级统筹改革历程

工伤保险基金是工伤保险制度正常运行的物质保障和重要基础。基金统筹层次越高，覆盖行业企业越广，覆盖人数越多，基金风险承受能力就越强，基金支付风险压力就越小。与其他险种类似，本着稳妥原则，工伤保险基金统筹层次也是从县区级起步，然后逐步提升。

从 2004 年开始施行的《工伤保险条例》明确规定，工伤保险基金在直辖市和设区的市实行全市统筹，其他地区的统筹层次由省级人民政府确定。

2010 年通过的《社会保险法》规定，基本养老保险基金逐步实行全国统筹，其他社会保险基金逐步实行省级统筹。为此，2010 年《工伤保险条例》也相应修改了工伤保险基金，逐步实行省级统筹。

人社部门根据法律法规要求，一直在积极推动工伤保险基金统筹层次提升。2010 年，人社部下发《关于推进工伤保险市级统筹有关问题的通知》，要求各省加快推进工伤保险市级统筹。

2017 年，人社部、财政部联合下发《关于工伤保险基金省级统筹的指导意见》，明确了工伤保险基金省级统筹的指导思想、基本原则、主要内容和保障措施，提出全国在 2020 年底全面实现省级统筹的时间要求。统一工伤保险参保范围和参保对象，统一工伤保险费率政策和缴费标准，统一工伤认定和劳动能力鉴定办法，统一工伤保险待遇支付标准，统一工伤保险经办流程和信息系统，是省级统筹的必选项，但在基金管理上各省可选择实行"统收统支"和"调剂金"两种方式。

目前，全国绝大多数省份已经出台工伤保险基金省级统筹实施方案。根据统计，共有 4 个直辖市和河北、山西、广东、贵州、西藏、青海等 11 个省份和新疆兵团已经或将采取统收统支方式，其他省份则已经或将采取调剂金方式。除了直辖市以外，采取统收统支的省份呈现较为明显的两极分化现象。其中，广东省是全国工伤保险参保人数最大、工伤保险基金结余最多的省，财政实力雄厚，而西藏、青海等西部经济相对落后地区，工伤保险参保人数少，财政能力薄弱。

自 2017 年《关于工伤保险基金省级统筹的指导意见》颁布后，广东省委、省政府高度重视，将推动工伤保险基金省级统筹列入 2019 年省委深化改革工作要点和省政府重点工作任务。2019 年 5 月 21 日，广东省第十三届人大常委会第十二次会议审议通过了《关于修改〈广东省工伤保险条例〉的决定》，自 2019 年 7 月 1 日起施行。该条例共修改了 26 个条款，重点修改了与工伤保险基金省级统筹改革不相适应的内容，同时解决了省条例与国家新规定不相衔接的问题，适应了社会保险费征管体制改革新部署，为推动广东省工伤保险基金省级统筹改革提供了有力的法规支撑。根据国家关于工伤保险基金省级统筹的有关部署和修改后的省条例，经广东省委、省政府批准，省人力资源和社会保障厅会同省财政厅、省税务局印发了《广东省工伤保险基金省级统筹实施方案》和配套政策文件，自 2019 年 7 月 1 日起实施工伤保险基金省级统筹。实现在全省范围内基金管理、参保范围和参保对象、费率政策和缴费标准、待遇支付标准、工伤认定和劳动能力鉴定办法、经办流程和信息系统"六统一"，推进了工伤保险体制机制优化升级，取得了重大突破和良好成效。

（三）广东省工伤保险"六统一"改革实践意义

广东省是国家指导意见下发后第一个实施工伤保险基金"省级统收统支"模式的省份，省级统筹改革得到了人社部充分肯定，多次在人社部有关会议上介绍经验和接受兄弟省份学习调研。

广东省人社厅以推进工伤保险基金省级统筹改革作为提高保障和改善民生的重要举措，作为"不忘初心、牢记使命"主题教育重大改革工程，按照"守初心、担使命、找差距、抓落实"总要求，举全厅、全系统之力集中攻坚，顺利于 2019 年 7 月 1 日起正式启动实施省级统筹。率先推进工伤保险体制机制优化升级并取得重大突破，以新担当新作为开创了工伤保险高质量发展新局面，让人民群众在改革中有更多的获得感、幸福感和安全感。

自 2019 年 7 月 1 日启动实施以来，参保人数和基金征收稳步增

加，待遇水平显著提升，费率水平降至全国最低，各项制度运行平稳，实现基金保障能力提高、制度公平性增强、群众获得感提升、企业缴费成本降低、管理服务提质增效的良好开局，促进了工伤保险高质量发展。

工伤保险基金省级统筹改革取得了以下成效。一是提高了基金保障和抗风险、可持续能力。在全省范围筹集和使用工伤保险基金，最大程度发挥基金共济功能，有效解决基金分布不均衡问题，推动了区域协调发展。基金省级统收统支统管，全省统筹结余基金280亿元，可支付月数56个月，增强了基金抗风险能力。二是增强了工伤保险制度公平性。统一全省政策标准，有效解决原有的政策碎片化问题，营造了公平竞争的市场环境，促进了公共服务均等化。全省统一费率和待遇支付标准，均衡了各市缴费成本和待遇水平，相关待遇基数差距从2.04倍缩小到1.24倍。三是释放了提高待遇和降低费率双重政策红利。19个市待遇计发基数由"市标准"提高至"省标准"，高于"省标准"的广州、深圳、省本级继续执行原标准。改革后，伤残待遇"托底线"平均提高20%，长期待遇平均提高约15%，工伤职工获得感和安全感更加充实。在阶段降费期间，全省平均费率降至0.17%，为全国最低，为企业减少缴费成本约50亿元。将建筑项目工伤保险缴费比例从平均1.0‰下调为0.8‰，一年为建筑施工企业减少成本约2.74亿元。四是实现了职业人群工伤保险制度全覆盖。先行将全省公务员纳入工伤保险制度范围，统一全省参保范围和对象，实现了机关与企事业单位工伤保险制度并轨，解决了公务员工伤保障问题，为公务员解除了后顾之忧。五是提升了管理服务效能。省级统筹后，建设了省集中式信息系统，全省统一业务流程，工伤保险业务办理时间压减15日，申报材料减少40%，实现"最多跑一次"。推动工伤医疗费联网结算，117家医疗服务协议机构完成系统接口改造，打通工伤和医保基金结算通道，解决用人单位和职工"垫资跑腿"难题。

二、现存问题

习近平总书记深刻指出，"要有强烈的问题意识，以重大问题为导向，抓住关键问题进一步研究思考，着力推动解决我国发展面临的一系列突出矛盾和问题"①。为深化工伤保险改革、找准症结问题，2018 年在省内外全方位开展了"深调研"，对照新时代我国社会主要矛盾变化规律，认为制约我省工伤保险高质量更公平、更可持续发展的核心问题是工伤保险发展不平衡、不充分。该问题具体表现为"三个不平衡、三个不统一"。

（一）参保规模不平衡

工伤保险关乎着职工切身利益的保障，但由于各地经济社会条件不同，广东省内珠三角地区与粤东西北地区参保率有较大差距。2018 年底珠三角地区参保规模达 3120 万人，约占全省 86.8%；粤东西北地区仅 472 万人，约占全省 13.2%，参保率有待提高，参保规模有待扩大。

（二）基金支撑能力不平衡

各地之间基金结余差距较大使得统一调动各地基金有难度。基层结余较小的地区非常希望实行省级统筹，但对于基金结余较大的地区，要调动基金结余，实现各地相互分担风险，则征缴积极性不足。目前广东省内珠三角地区基金结余达 252.6 亿元，约占全省 87.7%；但粤东西北地区仅为 35.5 亿元，约占全省 12.3%。结余基金平均可支撑月数，最高地区与最低地区之间相差超过 20 倍。

---

① 韩庆祥：《习近平治国理政的品格：问题意识、敢于担当、刚性执行》，见中国共产党新闻网（http://theory.people.com.cn/n/2015/0731/c40531-27390201.html），2021-08-31。

（三）信息化建设不平衡

市级统筹期间，部分经济条件较好的地区按照本地的政策和经办规程，由不同的软件开发商自行开发信息系统，不断完善本地区的工作程序，形成相对固定的工作习惯。珠三角地区信息化程度高，粤东西北部分地区却仍停留在手工操作阶段；各市各为"信息孤岛"、互不联通，基金安全防控难以实时到位。工伤保险基金由各地自行管理，多年来已经形成了相对稳固的利益关系，形成了一定的思维习惯和工作习惯。要实行省级统筹，必须借助信息化手段统一全省管理服务，既要统一系统平台，又要统一工作程序，这将改变原有工作习惯，打破原有各地自我管理格局，推行起来存在一定困难。

（四）费率标准不统一

市级统筹期间，各市均根据国务院和广东省的工伤保险相关条例制定了地方实施细则，形成了各自独立的政策体系，行业基准费率存在较大差距，全省每类行业有 5～10 个费率标准；平均费率最高地区与最低地区之间相差超过 4 倍，企业缴费成本苦乐不均。实行省级统筹，必须重新制定全省统一的政策标准，需要考虑各地工作平稳推进，也要考虑涉及用人单位和职工切身利益的政策标准平稳衔接，省和市的工作量都很大，对省级的工作能力和水平也是一个考验。

（五）待遇标准不统一

工伤保险待遇是工伤保险制度的重要内容。随着经济社会发展，职工平均工资与生活费用发生变化，适时调整工伤保险待遇水平，既是工伤保险制度的内在要求，也是促进社会公平、维护社会和谐的职责所在，是保障和改善民生的具体体现。但由于各市经济发展水平不同，在伤残津贴、生活护理费、供养亲属抚恤金、住院伙食补助费等待遇标准上都不尽相同，部分待遇计发基数的最高地区与最低地区之间相差 1 倍，如住院伙食补助费最高的 70 元/天，最低的只有 21元/天。

（六）参保范围不统一

近年来，国家鼓励各地将公务员纳入工伤保险的参保范围，使公务员公平享有工伤保险待遇，实现公务员与企业、事业单位职工工伤保险制度的全面并轨。将公务员纳入工商保险制度统筹管理既是贯彻落实 2019 年新修订的《中华人民共和国公务员法》的重要举措，也是落实省委、省政府改革部署的实际行动，有利于促进工商保险制度更加公平发展。但目前全省只有 9 个市将公务员纳入工伤保险范围，12 个市及省本级公务员仍然游离在工伤保险制度之外，各地参保范围并不统一。

三、多渠道、多环节解决工伤保险"六统一"，改革现有问题

省级统筹是对工伤保险体制机制的深刻调整，广东紧密结合实际，提出一系列制度性、创新性、可操作性的政策举措。首先，确定改革的核心关键是基金的管理模式，坚定改革决心；其次，集高层支持、法律支撑、政策体系、信息系统于一体，统筹推进改革进程；最后，严格按照国家部署，重点推进实现工伤保险全省"六统一"，全面落实改革任务。

（一）确定改革"关键一招"破解发展难题

习近平总书记深刻指出，"改革开放是决定当代中国命运的关键一招，也是决定实现'两个一百年'奋斗目标、实现中华民族伟大复兴的关键一招"[①]。同样，深化改革也是推动工伤保险事业高质量发展的"关键一招"。工伤保险发展不平衡、不充分的突出问题，根源于我省经济发展区域不平衡的实际情况，在原"各自为政、自求

---

① 中共中央宣传部：《习近平总书记系列重要讲话读本（2016 年版）》，学习出版社、人民出版社 2016 年版，第 67－68 页。

平衡"的市级统筹管理体制机制下难以根本解决。因此必须推动工伤保险基金省级统筹改革,坚决打破地区利益格局,"全省一盘棋"统筹谋划,从根本上实现体制机制改造升级,提升制度公平性和可持续性,促进工伤保险高质量发展。

其中,确定基金管理模式是改革的核心关键。如实行"省级调剂金"模式,简单易行且已有 20 多年实践基础,但省级统筹力度不足、地区不平衡问题难以根除;如实行"省级统收统支"模式,难度较大,要打破地方利益格局,省级需承担更多责任,但可根本解决地区不平衡问题。在改革中,比认识更重要的是决心,比方法更关键的是担当。经报省政府同意,最终选择了"省级统收统支"模式,通过基金全省统收统支统管、统一全省各项政策标准、建设省大集中信息系统等改革举措,从根本上破解工伤保险发展不平衡、不充分的问题。

(二)谋划推进改革系统工程

工伤保险基金省级统筹是一项复杂的改革系统工程。应当举系统之力推进省级统筹改革。

一是坚持高位谋划推动。省委、省政府将推动工伤保险基金省级统筹列入 2019 年省委深化改革工作要点和省政府重点工作任务,共6 次召开专题研究和审议会议。省政府成立领导小组统筹推进改革。

二是坚持改革于法有据。习近平总书记强调:"凡属重大改革都要于法有据。在整个改革过程中,都要高度重视运用法治思维和法治方式,发挥法治的引领和推动作用,加强对相关立法工作的协调,确保在法治轨道上推进改革。"① 针对原《广东省工伤保险条例》规定基金实行市级统筹等问题,广东省同步推进《广东省工伤保险条例》修订工作,重点修改了与省级统筹不衔接的条款,2019 年 5 月 21 日

---

① 参见《习近平:把抓落实作为推进改革工作的重点 真抓实干蹄疾步稳务求实效》,见共产党员网(https://news. 12371. cn/2014/02/28/ARTI1393591429701628. shtml),2021 - 08 - 31。

116

省人大常委会一次审议正式通过。

三是坚持筑牢 "四梁八柱"。重点构建了 "1＋5" 省级统筹政策体系，奠定改革顶层设计的 "四梁八柱"。"1" 是经省委、省政府批准的《广东省工伤保险基金省级统筹实施方案》，是改革的支柱性政策。"5" 是基金预算和财务管理办法、省级统筹业务规程、服务机构协议文本、公务员工伤保险、省级统筹考核办法等配套文件。开展地方政策清理，建立基金运行监测和预警机制，保障改革平稳运行。

四是坚持信息系统支撑。研究制定省级统筹业务规程，统一和规范各市业务流程和经办操作；建设了省集中式社会保险一体化信息系统，2019 年底前组织各市分批上线应用，为省级统筹良好运行提供强有力支撑。

（三）全面落实改革目标任务

习近平总书记深刻指出，全面深化改革必须 "以促进社会公平正义、增进人民福祉为出发点和落脚点……让发展成果更多更公平惠及全体人民"①。应当严格按照国家部署，重点推进实现工伤保险全省 "六统一"。

一是基金省级统收统支统管。基金全省范围统一管理和使用，通过 "收增量、留存量" 的方法，将各地征收的工伤保险费直接划入省财政专户，各市从基金原累计结余中留 3 个月支出额作为周转金，按季度提出用款计划，经审批后由省拨付至各市。充实省级储备金，原各市结余基金使用权在省但委托各市继续存放，省级统筹基金出现缺口时按同等比例调拨上解，用于弥补基金不敷使用时的调剂、重大事故待遇支付等。

二是统一参保范围。经省委、省政府同意，出台了将公务员纳入工伤保险制度统筹管理的政策文件，从 2020 年 6 月 1 日起将全省公务员纳入工伤保险范围，省内各类用人单位应当为本单位全部职工参

---

① 参见《中共中央关于全面深化改革若干重大问题的决定》，见中国政府网（http://www.gov.cn/jrzg/2013－11/15/content_2528179.htm），2021－08－31。

保工伤保险，解决了参保公平性问题。

三是统一费率政策标准。建立全省统一的差别化、可浮动的工伤保险费率政策，规定全省一类至八类行业基准费率标准分别为 0.2%、0.4%、0.6%、0.8%、0.9%、1.0%、1.2%、1.4%，全省住建项目工伤保险缴费比例从平均 1.0‰统一下调至 0.8‰，解决了缴费不平衡问题。规定在阶段降费期间各市费率政策标准暂维持不变，今后平稳过渡到全省统一标准。

四是统一待遇支付标准。按照"省平均托底，就高不就低"的原则，规定有关待遇计发基数按照省平均工资标准执行，但高于省平均的广州、深圳及省本级继续执行本市基数；全省住院伙食补助费按 50 元/天计发；长期待遇参照全省平均工资增长比例和 CPI 指数变化因素每年动态调整，解决了待遇不平衡问题。

五是统一工伤认定鉴定办法。明确各地按照国家和省规定组织实施本地区工伤认定和劳动能力鉴定工作，加大工伤认定和劳动能力鉴定培训指导和考核监督力度，建立疑难案例省市会商联动工作机制，统一全省工伤认定和劳动能力鉴定裁量尺度。

六是统一经办流程和信息系统。针对全省经办管理不够规范、服务效能不优、信息化水平不高等问题，制定《广东省工伤保险基金省级统筹业务规程》和服务机构协议文本（范本），统一省级统筹业务规程，推动业务流程再造，在事项和流程上做减法，在服务和监管上做加法。建设省集中式社会保险信息系统，2020 年 7 月 1 日起各地分批上线应用。加强部门信息共享和业务协同，推进工伤医疗费用联网结算，打通工伤和医保基金结算通道，努力减少企业和工伤职工"垫资跑腿"问题。构建横向互联、纵向互通的数据应用格局，实现统一标准，集中管理，实时监控，寓管理于服务，让"数据多跑路、群众少跑腿"。

七是明晰职权责约束机制。建立基金缺口共担机制、按同等比例调拨各地结余基金。建立职、权、责约束机制，划清省与地方的责任边界，明晰省、市的人社、财政、税务部门和社保经办机构职责分工，明确地方政府承担扩面征缴和待遇发放主体责任，研究制定省级统筹考核办法和评分标准，客观公正地评价各地、各部门的工作绩效，确保省级统筹平稳实施。加强基金监督管理，强化稽核内控，完善基金运行监测和预警机制，着力防范和应对基金支付风险。

四、创新经验

广东省作为第一个实施工伤保险基金省级统收统支模式的省份，不断破解改革难题，在工伤保险基金省级统筹的系统性改革中逐步形成了诸多创新经验。在工作格局上，广东省委、省政府高度重视改革，各部门鼎力支持，确保了改革的顺利推进；在改革方向上，广东省始终坚持民生导向、目标导向和问题导向，确保改革目标不发生偏移；在重要关系上，广东省切实把握好改革"五大关系"，注重方法策略，确保了改革的落地落实。

（一）构建好改革工作格局，确保改革顺利推进

习近平总书记强调，"进一步深化改革，必须坚定信心、凝聚共识、统筹谋划、协同推进"①。省级统筹改革是一项系统工程，其顺利推进离不开各级党委政府和各地各部门的强有力支持。

一是省委、省政府高度重视。省委、省政府专题研究审议共6次，张光军副省长担任领导小组组长并亲自作启动实施部署讲话，确保了省级统筹强有力推进。二是国家有关部门大力支持。人社部工伤保险司多次莅临广东调研指导和听取汇报，并发函给予明确支持意见。财政部社保司也表示支持广东省改革。三是全省人社系统通力合作。召开全省人社系统局长推进改革座谈会，沟通协调省级统筹改革问题，获得了各市局一致支持，举全系统之力推进省级统筹改革。四是省直部门和地方政府鼎力支持。省财政厅、省税务局积极支持配合，及时制定基金管理办法，调整征收信息系统，保证了改革有序推

---

① 参见《习近平谈改革开放》，见共产党员网（https://www.12371.cn/2018/11/14/ARTI1542155310867650.shtml?from=groupmessage&isappinstalled=0），2021-08-31。

进。省人社厅组织 7 个督导组赴各市政府沟通凝聚改革共识，对广州、深圳、佛山、东莞等城市进行重点沟通，消除了地方政府对基金管理、费率和待遇标准等关键问题的顾虑，充分凝聚了改革共识。

（二）把握好改革正确方向，确保改革目标不偏

习近平总书记深刻指出："改革的唯一价值，是为人民而改革；发展的终极目标，是为人民而发展。"① 把准省级统筹改革大方向，才能实现更好保障和改善民生的改革目标。

一是坚持民生导向。通过省级统筹改革释放更多政策红利，让工伤职工共享改革发展成果；同时落实国家减税降费要求，支持企业稳健发展。二是坚持目标导向。以国家指导意见对标对表，改革以更好保障工伤职工合法权益为出发点，以促进工伤保险制度更加公平、更可持续为落脚点，建立健全了更加公平、规范、高效的省级统筹管理体系。三是坚持问题导向。改革坚持一切从实际出发，坚持以问题为导向，聚焦工伤保险突出问题和人民群众最盼、最急、最忧的工伤保险需求，完善政策举措，优化管理服务，让工伤职工享有公平优质的保障服务。

（三）把握好改革重要关系，确保改革落地落实

习近平总书记强调："在推进改革中，要坚持正确的思想方法，坚持辩证法。必须从纷繁复杂的事物表象中把准改革脉搏，把握全面深化改革的内在规律，特别是要把握全面深化改革的重大关系。"② 注重改革的方法策略，把握好改革"五大关系"，推动省级统筹改革落地实施。

一是把握提升统筹层次与保护地方利益的关系。通过基金"收

---

① 参见《统筹协调，上下呼应闯险滩（全面深化改革·方法篇）》，见人民网（http://www.people.com.cn/n/2013/1128/c353214-23686403.html），2021-08-31。

② 参见《打好全面深化改革攻坚战的指导性文献：学习习近平重要论述摘编》，见中国政府网（http://www.gov.cn/xinwen/2014-06/03/content_2692160.htm），2021-08-31。

增量、留存量"的方法，平衡了省级统筹与地方利益关系，化解了地方政府顾虑，这是省级统筹改革成功的关键。既将当期征收基金统收到省级，提高了基金抗风险能力，也将历史结余基金仍委托各市存放，不影响各地金融环境，保护了各市既有利益。二是把握遵循顶层设计与结合广东实际的关系。既严格按照国家要求在制度设计上实现工伤保险"六统一"，也结合广东实际提出一些制度性、创新性、可操作性的政策举措，如首次划解各市 12% 的累计结余基金保障省级统筹启动实施，允许各市划拨 3 个月待遇支出额作为周转金，采用"省平均托底、就高不就低"的办法均衡待遇差距等。三是把握公平与效率的关系。建立缺口共担机制，按同等比例调拨结余基金，平稳统一全省费率和待遇标准等，提升改革公平性。同时兼顾效率，正视地区差异性，不搞"一刀切"，对待遇基数的职工平均工资按照"省平均托底、就高不就低"的原则执行等。四是把握兼顾当前与着眼长远的关系。从制度长远发展考虑，确定了"六统一"模式的省级统筹，建立规模适当的省储备金制度。同时考虑当前国家降费部署，通过"先定标准、适时实施、平稳过渡"的费率执行办法，阶段降费期间维持各市费率标准不变，保证了省级统筹平稳实施。五是把握强化管理与优化服务的关系。省级主要负责基金统筹、制度设计和信息系统建设，市级承担具体管理和服务职责，构建起"基金上统、服务下沉、上下协同"的工作格局。各地区推进"减证便民"和"互联网＋"服务，推动工伤医疗费联网结算和工伤医保支付协同，持续优化工伤保险管理服务。

案例 11
深化医药卫生体制改革,
锻造顶天立地卫生健康服务体系

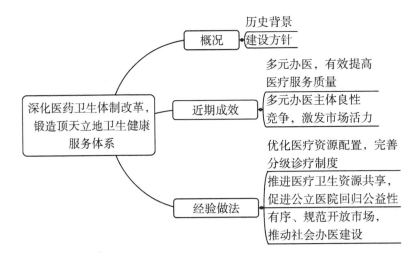

东莞市坚决贯彻落实党中央、国务院和省委、省政府决策部署,根据市委全面深化改革要求,以建设健康东莞为引领,紧抓粤港澳大湾区建设、深圳建设中国特色社会主义先行示范区和东莞建设省制造业供给侧结构性改革创新实验区"三区叠加"的重大历史机遇,以调整优化医疗资源配置,加快构建整合型医疗卫生服务体系,助力"湾区都市、品质东莞"的建设,全方位深化医药卫生体制改革,着力解决"看病难""看病贵"的问题,取得较明显成效。

一、概况

（一）历史背景

优化东莞市政策环境，积极鼓励社会办医，改善市民就医环境，这是现实情况的要求。在改革开放之初，外向型经济蓬勃发展，大批外来人口流入东莞市寻找新的工作机会，这使得市民对于医疗卫生服务的需求大幅度增加，而城市原本的医疗服务供给量与因人口流入而大幅增加的医疗服务需求严重不匹配，这使得城市医疗卫生服务改革具有必要性。为了解决因市医疗卫生资源总量供给不充足、城乡分布不均衡、地区差别比较大等问题而导致非法行医猖獗的问题，东莞市于 2007 年开展为期一年的声势浩大的打击非法行医行动，彻底铲除非法行医毒瘤。与此同时，东莞市坚持疏堵结合、打建并举的原则，积极鼓励社会资本投资办医，构建多元办医格局。2010 年 11 月《国务院办公厅转发发展改革委卫生部等部门关于进一步鼓励和引导社会资本举办医疗机构意见的通知》，2013 年 11 月《中共中央关于全面深化改革若干重大问题的决定》明确提出鼓励社会办医并纳入深化医药卫生体制改革。2013 年 12 月，原国家卫生计生委、国家中医药管理局印发《关于加快发展社会办医的若干意见》，鼓励社会资本参与公立医院改革。2015 年 6 月，国务院办公厅印发《关于促进社会办医加快发展的若干政策措施》，具体提出四大举措促进社会办医发展。2017 年 5 月，国务院办公厅印发《关于支持社会力量提供多层次多样化医疗服务的意见》，提出进一步激发医疗领域社会投资活力，调动社会办医积极性。一系列政策的出台，将国家大力发展社会办医的举措具体化，社会办医迎来空前的利好局面，从社会视角出发推动"看病难""看病贵"问题的解决。

（二）建设方针

东莞市围绕"建设卫生强市，打造健康东莞"的总目标，建高地、登高峰，筑网底、强基层，立足于全市医疗资源整体现状，推动功能整合和资源共享，合理控制公立综合性医院的数量和规模，打造立体化医疗资源配置格局。一是以供给侧结构性改革为突破，构建金字塔型层级体系。市属三级公立医院为塔尖，打造以市人民医院和市中医院为龙头的高水平医院；其他市属公立医院（含区域中心医院）和镇街医院为塔体，建设5所区域中心医院并推动镇街医院转型；社区卫生服务机构等基层医疗服务机构为塔基，强化社区卫生服务机构标准化建设提质增效。二是以医保改革为引导，实现区域医疗卫生资源共享，开展医保支付方式改革，引导群众逐渐形成良好的逐级就医观念和习惯，建设市病理诊断中心、区域消毒供应中心和全科医生实训中心，构建严密的胸痛救治网络，发挥医疗质量控制中心点行业管理作用，优化资源配置，提升效能，减少重复投入。三是以体制机制改革为引领，将公立医院回归公益性贯穿始终，开展药品跨区域联合集中采购，调整医疗服务价格，完善基本医疗服务补偿机制，破除公立医院逐利性。

二、近期成效

（一）多元办医，有效提高医疗服务质量

社会办医的蓬勃发展，有效补充了政府对医疗领域投入的不足，减轻了政府对医疗卫生投入的压力，完善了医疗卫生保障机制，也推进了东莞市医疗卫生服务质量不断提升。如今，在很多东莞人的心目中，东华医院、康华医院、常安医院等众多大型社会办医院和公立医疗机构无论在收费还是服务上都区别不大。和公立医院机构一样，社会办医疗机构极其看重医疗质量和服务水平，患者的满意度对他们而言同样至关重要。东莞社会办医疗机构的发展，进一步完善了医疗服务体系，逐步实现了与公立医疗机构错位发展，方便了群众就医。社会办医疗机构特别是大型医疗机构更注重人性化服务，提供了公立医院基本医疗服务以外的专科、特色服务，促进消费结构的转型升级，

满足高层次的医疗需求。例如，东莞康华医院立足于打造"百年老店"，以社会效益带动经济效益，通过组建省内外专家团队及规范化的多学科管理为患者提供更为人性化、私密化、优质化的医疗服务。东莞东华医院立足于服务本地群众，着力自主培养高素质人才队伍，办医规模进一步扩大，目前在用 20 万元以上医疗设备近 350 台（套），为保障医疗质量与安全、不断提高技术水平，奠定了良好的基础。东莞台心医院全面导入美国医疗机构评审国际联合委员会（JCI）的标准，采用台湾先进的"精细化、集约化"管理模式，实施"病人第一，全人医疗"的理念。

2018 年，东莞市被国务院办公厅以"公立医院综合改革成效较为明显的市"通报表扬并予以督查激励。2019 年，东莞市"全面优化政策环境促进社会办医发展"当选"2019 年广东医改十大创新典型"。东坑医院"公立医院多维度探索医养结合服务路径"入选全国医养结合典型经验。东坑医院护理院通过"五星级"养老机构初审。东莞市是全国第一个开展季度质控常态化的地市，2019 年 12 月，中国胸痛中心联盟、中国心血管健康联盟、中国胸痛中心执行委员会、胸痛中心总部联合授予东莞市"胸痛中心模范地级市联盟奖"。东莞市被省卫生健康委等 6 部门确定为国家基本药物制度整体推进试点城市。寮步镇社区卫生服务中心顺利完成国家级现场复核，达到国家推荐标准，成为广东省地级市中唯一成功创建的社区卫生服务中心。市中医院治未病科服务管理获省 5A 级。市 1 人入选全国名老中医药专家传承工作室项目专家。

（二）多元办医主体良性竞争，激发市场活力

在国家、省及东莞市的系列政策支持下，东莞市社会办医院规模不断扩大，医疗业务迅速发展，医疗技术、医疗服务、医院管理等得到明显增强，社会声誉日益提高。通过推动社会办医发展，较好地优化了东莞市医疗资源的配置，激发了医疗市场的活力，满足了人民群众高水平、多层次、多元化的就医需求。

同时，社会办医院的健康发展对公立医院形成倒逼机制，增强了

公立医院的危机意识、竞争意识、服务意识，大大激发了公立医院的发展和提升动力，提高了公立医院的医疗服务效率和质量。这种良性竞争机制，为医疗服务体系发展注入活力，既有利于为群众提供方便、优质、多元化的医疗服务，也促进了医疗卫生系统技术与服务水平的提升和进步，推动公立医院改革发展，形成社会办医院和公立医院相互促进、相互激励的双赢局面。

三、经验做法

在社会办医发展、分级诊疗制度建设、医保支付方式改革、构建整合型医疗服务机制，东莞市委、市政府认真履行办医职责，各相关部门积极配合，在创新公立医院综合改革运行体系、规范运行机制建设等方面成效较为显著。

（一）以优化医疗资源配置为导向，完善分级诊疗制度，着力解决"看病难"问题

1. 构建整合型医疗服务体系，建高地、腾空间实现高质量发展

东莞市打造顶天立地卫生健康服务体系，建设高水平医院、高水平专科，提高镇街公立医院和社区卫生服务机构的整体能力，提升医疗卫生服务可及性。一是推进市人民医院和市中医院争创高水平医院。通过建设高水平学科、搭建高水平科研平台、发展高水平医疗技术、加快"互联网＋"建设和构建现代化管理模式等措施，全面提升医疗服务，引领全市医疗水平明显提高。二是推进5所区域中心医院建设。按照市委、市政府园区统筹片区联动协调发展战略，依托现有公立医院，分片区规划建设5所区域中心医院，争取到2022年，区域中心医院达到三级甲等现代化综合医院水平，具有较强医疗服务辐射力和影响力，成为区域内医疗服务中心。高水平医院建设进一步提高医疗服务水平，截至2020年6月，市域内住院率提高达96.4%，基本实现"大病不出市"。三是推进镇街公立医院供给侧改革。根据区域性差异，将个别镇街医院转型为区域中心医院，引导镇街公立医

院错位发展，避免镇街医院与区域中心医院重复定位，鼓励和支持镇街公立医院往"大专科、小综合"方向发展，向特色专科医院、医养结合型医院等方向转型。目前，镇街医院转型为区域中心医院的有：常平医院、塘厦医院和麻涌医院分别升格为东部中心医院、东南部中心医院和水乡中心医院。镇街医院转型为专科医院的有：石龙博爱医院升格为市儿童医院、大岭山医院升格为市中西医结合医院、东坑医院及洪梅医院设置护理院、南城医院创建肝胆疾病医院。

2. 完善分级诊疗制度，社卫机构实施"一类供给、二类管理"

东莞市社区卫生服务中心与下属站点一体化管理，实行"政府办、政府管"管理模式，属公益一类事业单位，财务上实行"收支两条线"管理，财政"兜底"，全面实施"两个允许"措施，执行公益二类事业单位管理政策，有效保障人财物配套到位和破除医疗机构逐利性，保障基本医疗服务公益性质。一是开展社区卫生服务机构标准化建设，截至2020年9月，全市建成社区卫生服务机构396家，其中社区卫生服务中心33家，社区卫生服务站363家，构建和筑牢了覆盖全市各镇、村（社区）的基层医疗卫生服务网底，居民步行15分钟可就近获得基本医疗和公共卫生服务。全市社区卫生服务机构门诊量由2009年的775万人次逐步递增至2019年的2184.79万人次，年增长率达10.92%。社区卫生服务机构标准化建设纳入2018年、2019年市政府"十件民生实事"重点推进，全市社区卫生服务机构标准化建设财政投入1.3亿元，基本完成社区卫生服务机构标准化建设。二是稳步推进医联体建设，组建医联体76个，所有公立医疗机构参与医联体建设工作，推进重点疾病和短缺医疗资源专科联盟建设，促进医疗资源纵横整合，结合家庭医生"1+1+N"签约服务需求，推动一个医疗机构与多个医疗机构组建多种形式的医联体。实施家庭医生签约服务，推出3大类11种类型服务包，群众可根据自身健康需求签订服务包，与家庭医生共同完成自身健康管理。三是强化医保引导，在社区就诊及转诊到镇（街）医院、市内三级医院门诊部的基本医疗保险基金支付比例分别为70%、50%、35%，有效签约家庭医生的参保人社区门诊就诊报销比例提高到75%。实施改革以来，社区卫生服务取得阶段性的成效，先后成功创建了2个全国百强社区卫生服务中心、1个国家推荐标准社区卫生服务中心、1个国家级培训基地、5个全国示范社区卫生服务中心、6个国家优质服务示范社区卫生服务中心、2个广东省示范社区卫生服务中心、1个广东省家庭医生团队师资骨干培训基地。寮步镇社区卫生服务中心在"优质服务基层行"活动中通过国家卫生健康委推荐标准的审核验收，是广东省地级市中唯一一个受到通报表扬的社区卫生服务中心。2018年和2019年基层医疗机构门诊量占比均为68%，在全省名列前茅。

3. 推进医养结合试点，构建多元化服务网络

东莞市作为国家级医养结合试点城市，积极探索多元化的医养结合方式，初步建立了医养结合服务网络，改革成效初显。一是建成护理院8家，共有开放床位861张，开展医疗康复、健康养老、疾病风险预警、功能康复训练、长期照护、临终关怀等服务。二是养老服务向居家社区延伸，以家庭医生签约为抓手，结合基本公共卫生服务项目为居家老年人提供医疗护理服务。三是鼓励医疗机构与养老机构开展多种形式的合作，目前东莞市医疗机构与养老机构签订合作协议共有49对，由医疗机构为养老机构开通绿色通道，为入住老人提供医疗巡诊、健康管理、保健咨询等服务。四是支持暂不具备医疗机构设置条件或医疗服务能力弱的养老机构与医疗机构开展合作。五是不断提升医疗机构养老服务能力，对老年护理服务从业人员进行专业化培训，引进台湾长期照护服务，加大综合医院老年病专科建设。

4. 发展"互联网＋医疗健康"，提高优质医疗资源可及性

加强信息化建设顶层设计，为分级诊疗提供有力支撑，一是建设全市预约服务统一平台。全市预约服务统一平台已覆盖全市公立医院，初步实现全市统一预约服务号源共享，形成有序、高效的看病就医和诊疗服务新秩序。推出"健康东莞"App，截至2020年10月，通过平台预约人数达1244.17万人次，App下载量达103.40万次。二是推进实施全市分级诊疗信息平台建设。利用信息化手段促进医疗资源纵向流动，形成有效的就诊分流机制和上下联动的疾病诊治连续

化管理机制，实现家庭医生签约、社区首诊、分级诊疗、双向转诊的医疗新秩序。目前，全市已完成 42 家公立医院以及 33 家社区卫生服务中心的试点工作，通过"健康东莞"App 实现便捷预约、移动支付、线上转诊等"一键诊疗"服务，改善群众就医体验。全市预约服务平台和分级诊疗系统的相互融合，大大减少了群众就医排队和等待的时间。三是建设电子健康码管理平台。电子健康码是基于居民身份证号码，用"健康二维码"取代原来的实体诊疗卡，作为居民健康医疗服务的主要标识，一人一码、一次认证、全省通行。目前，市人民医院、市中医院、市妇幼保健院、市松山湖中心医院、市滨海湾中心医院 5 家三级公立医院已开通"一码通用"服务。四是完成全市"医疗机构药事管理系统"的项目建设和落实使用。目前，药事管理系统已完成与 3 个省药品交易平台（省药品电子交易平台、深圳 GPO 平台和广州 GPO 平台）、39 家药品配送企业和 74 家公立医疗机构对接，进行实时数据交互，通过实现药品数据标准化、药品采购管理、药品使用管理和药事质控管理等一体化功能，有效提高东莞市医疗机构药事管理信息化水平，促进"互联网＋药学服务"发展。五是推行"互联网＋护理"服务模式。出台《东莞市开展"互联网＋护理服务"试点工作实施方案》，首批 17 所医疗机构试点开展"互联网＋护理服务"。

（二）以推进医疗卫生资源共享为目标，促进公立医院回归公益性，着力解决"看病贵"问题

1. 深化医保支付方式改革，实现多元复合式支付

东莞市职工和居民医保制度合并后，启动住院费用总额预付、门诊费用按人头付费的改革，并作为全国支付方式改革模板向全国推广。2017 年在全市定点医院全面试行按病种付费，病种达到 107 种；年底在推行医养结合试点的护理院中试行按照"总额控制、床日定额付费"的方式结算。东莞在全面贯彻医保支付方式改革的过程中，建立了一套符合本地医疗保险管理需要的多元复合式支付方式。全市在实行"总额控制"的基础上，进一步完善按病种分值、按人头、

按服务单元等多元复合式医保支付方式。全市定点医院全面推行总额控制下的按病种分值付费方式，实施分值付费病种数已达4933个。2019年参保人在各级医疗机构门诊统筹结算人次占比如下：社区卫生服务机构为73.95%、一级医院为7.21%、二级医院为8.36%、三级医院为10.48%。就医行为合理有序、医疗资源科学配置、医保基金高效利用的就医格局基本形成。实行基本医保地市级统筹，职工与城乡居民医保执行统一筹资标准。近几年，基本医保参保率稳固在98%以上。参加东莞市基本医疗保险的参保人同步参加重大疾病医疗保险，无须另行缴费。对有不同层次的医疗需求的参保人，在参加基本医疗保险的基础上，可以以用人单位、村（社区）为单位自愿选择参加补充医疗保险。从待遇政策来看，医保"基本险"参保人，除住院和门诊医疗保障外，还享受"重大疾病和意外伤害保障"。参保人住院医疗费用报销比例最高达95%（退休人员为100%），门诊基本医疗费按70%报销。

2. 共享区域医疗卫生资源，进一步提升效能和减少重复投入

统筹组建若干检验、消毒中心和实训中心，集约区域内医疗资源。一是联合全市9所市属医院的病理科打造全市数字化病理远程会诊服务平台，建设市病理诊断中心，突破基层医疗机构因病理专业滞后而阻碍临床技术发展的瓶颈。二是依托现有公立医院消毒供应资源，通过整合扩建，在5个区域中心医院以及市人民医院普济分院建立区域消毒供应中心，实现区域消毒资源共享，为本区域内医疗机构提供全流优质和可溯源的消毒供应服务，保障医疗安全。三是建设6个全科医生实训中心，用于全市全科医生规范化培训、转岗培训、岗位培训及基层医疗卫生技术人员在岗培训，以一流的硬件和师资打造全市优质全科医生队伍。目前松山湖片区（寮步）、滨海湾片区（长安）、东部产业园片区（东坑）、东南临深片区（凤岗）全科医生实训中心已投入使用。四是全市共组建血液净化、血液管理、临床检验、医院感染、胸痛急救、脑卒中、消毒供应管理等17个医疗质量控制中心，建立质量控制标准，强化行业管理力度，发挥医疗质量控制中心的行业管理作用。建立市院感培训基地4个，在全省首创成功研发"全市医院感染监测平台信息化管理系统"，并在全市二级以上医院推广应用。

3. 建立规范高效运行机制，促进公立医院回归公益性

以"腾空间、调结构、保衔接"为公立医院综合改革主线，破除旧机制、建立新机制。一是降低药品和耗材费用。全市所有公立医疗机构全面实施取消药品和耗材加成政策，继续推行东莞市医疗机构药品在省平台集中采购和跨区域联合集中采购相结合新机制，进一步降低药品成本。自 2017 年年底实施改革以来，截至 2020 年 9 月，通过深圳 GPO 平台采购的药品总订单金额达约 70.74 亿元，药品价格实际综合降幅达 18%。2020 年 7 月以来，跟进省医用耗材联盟采购区，进一步规范部分耗材的采购目录、采购行为和限价机制，降低耗材采购价格。组织医疗机构对冠脉支架类、人工晶体、冠脉扩张球囊、核酸检测试剂等医用耗材集中采购进行报量。二是建立医疗服务价格动态调整机制。2019 年调整医疗服务价格 2880 项，降低检查和检验等项目价格，提升体现医务人员技术劳务价值的医疗服务价格，优化医院收入结构。同时加强医疗服务价格调整、医保支付、分级诊疗等政策的衔接。落实国家对儿科、中医的支持政策，2019 年实施儿科项目加收政策以及调高部分中医服务项目价格。三是建立科学合理的补偿机制。2016 年起全市公立医院实施基本医疗服务补助，将政府补助方式由弥补政策性亏损补助方式改为购买基本医疗服务补助方式，将财政投入与基本医疗服务数量、质量及群众满意度挂钩。2019 年基本医疗服务补助已投入约 3.37 亿元。通过政府投入和价格补偿的方式，确保取消药品和耗材加成减少的合理收入补偿到位，医疗服务收入结构进一步优化。截至 2020 年 9 月，全市公立医院药占比为 21.39%，低于国家 30% 的要求。截至 2020 年 6 月，东莞药品和医用耗材零加成改革的价格总体补偿率为 146%，位居全省第三，远高于全省平均 107% 的补偿率。同时，补偿结构更加合理，补偿率达标医院占比和补偿率超过 90% 的医院数量占比均为全省最高。

（三）有序、规范开放市场，推动社会办医建设，优化医疗服务环境

1. 推动社会办医蓬勃发展，多项指标名列全国前茅

东莞市委、市政府高度重视社会办医工作，2011年，先后印发《关于促进民营经济发展的若干意见》《关于促进民营经济发展上水平的实施意见》等政策文件，鼓励和支持社会资本举办医疗机构。2015年和2018年又印发了《关于进一步鼓励引导社会资本举办医疗机构的意见（试行）》和《关于进一步鼓励引导社会资本举办医疗机构的实施意见》，按照"宽进严管"原则，进一步放宽医疗机构设置审批。社会资本可按照经营目的，自主申办营利性或非营利性医疗机构，其类别、数量、规模、距离等条件不受医疗机构设置规划限制。同时，紧抓CEPA（《内地与香港关于建立更紧密经贸关系的安排》）和ECFA（《海峡两岸经济合作框架协议》）实施的机遇，积极吸纳港澳台优质医疗资源进入东莞，支持港澳台服务提供者独资或合资设立医疗机构，比如鼓励台资兴办了台心医院，促进各种形式和性质的医疗机构相互竞争、共同发展，提升医疗技术水平。

作为社会办医（国家）联系点，东莞市鼓励社会资本投资办医，构建多元办医格局。在规划设置上，给社会办医疗机构预留37.5%的床位，优先满足社会办医院扩大规模、增设床位，引进大型医疗设备等需求。在审批权限上，将不设床位的医疗机构设置审批权下放到镇（街），简化流程。在政策待遇上，社会办医院享受与公立医院同等的科目设置、人才引进、职称评定、医保定点等政策。支持社会力量深入专科医疗等细分服务领域，扩大服务有效供给，鼓励社会力量设置医养融合体，允许依托实体医疗机构发展互联网医院，鼓励社会办医疗机构提供特色的医疗服务，发展精准医疗，推进和规范医师多点执业。在社会办医方面，全市医疗卫生机构数量也在不断增加，截至2020年6月，全市医疗卫生机构总数3298所，社会办医疗机构数2853所，占全市医疗机构数的86.5%；全市医院118所，其中社会办医院有70所，占全市医院总数的59.3%。社会办医疗机构实有床

位数、住院量、门诊量分别约占全市医疗机构的 32.1%、25%、25.5%，三项指标均名列全国前茅。东莞东华医院和东莞康华医院是在全国社会办医综合实力位列前茅的三级甲等社会办医院。社会办医疗机构的建设有效为市级医院减轻了医疗负担，弥补全市医疗资源不足的问题。

2. 明确医疗行业规格标准，平等对待市立社会医疗机构

按照"政策公平、法律保障、协调发展"的行业监管原则，东莞在科目设置、设备许可、技术准入、专科建设、人才引进、职称评定、科研教学、转诊服务、多点执业、医保定点等方面，实施社会办医院与公立医院同等待遇。此外，在医院规模扩建、床位增设、技术科目准入、大型医疗设备引进等方面，优先考虑社会办医院的发展需求。例如，放宽社会办医院乙类大型医用设备的配置，按照满足合理需求、保障医疗质量安全的原则，对社会办医院的配置申请，只重点考核人员资质、技术能力等相关指标，对床位规模、门急诊人次等业务量评价指标不作硬性要求；对新建社会办医院的大型医用设备配置，实行先采购后办理配置许可证，从而可以更快捷地开业运营。同时为社会办医提供优惠环境，例如市国税局紧紧围绕省国税局和市政府有关医疗改革方面的税收工作部署及要求，通过加大宣传力度，深入贯彻落实医疗改革的税收优惠政策，切实为东莞市医疗机构降本增效，积极推动和促进医疗事业的发展。

3. 规范社会办医流程，加强医疗机构监管

东莞市先后制定了社会资本举办医疗机构的基本标准、审批程序、工作流程和审批时限，严禁设定超出法律法规规定的限制性条件。推行简政强镇，将不设床位的医疗机构设置审批权限下放到镇一级，简化了审批流程。放宽社会资本举办医疗机构的申请条件，允许不设床位的医疗机构和一级医院免设医学检验科、医学影像科，采取与第三方医学检验机构或其他具备资质的医疗机构合作的形式，减少社会办医院的设置经营成本。优化营利性医疗机构登记流程，允许自主选择组织方式，允许社会办医院投资方同时向卫生、工商、环保等部门申请办理相关手续。对依法经营、服务行为规范的社会办医院，

在其申请变更或校验时开设"绿色通道",为其优先办理。

与此同时,建立和完善医疗机构日常管理体系,将所有医疗机构纳入统一管理。成立东莞市医院协会民营医院分会,加强行业自律,促进社会办医疗机构诚信经营。创新医疗机构监管模式,从2014年起实施医疗机构"黑名单"公示制度,将医疗机构和从业人员不良执业行为信用记录与年度校验换证、等级评审、技术准入、医护人员执业注册和职称评定挂钩,督促医疗机构和医务人员依法经营依法执业。

4. 以专业引领社会办医,提升社会医疗机构质量

实施东莞医院分级管理制度,建立层级技术指导关系,合理发挥不同级别的社会办医院的功能和作用。同时坚持综合与专科互补、特色与高端并重的原则,扶持一批基础质量扎实、专科特色明显的综合医院和专科医院。指导社会办医院参加医院等级评审和医疗质量服务评价,推动东莞东华医院开展广东省建立健全现代医院管理制度试点,引导社会办医院从"量的扩充"向"质的提升"转变,提升医疗品质,强化医疗安全,打造在全省乃至全国具有影响力的名优精品。积极推进医疗卫生与养老服务融合发展,鼓励社会资本举办康复、护理、中医、老年病、精神病等类别的医养结合机构,引导社会力量独立建设高水平、上规模、集团化的医院,开拓高端医疗服务领域,提升城市形象,改善投资环境,助力转型升级。

案例 12
党组织引领社会治理现代化，
构建新型特色社会动员体系

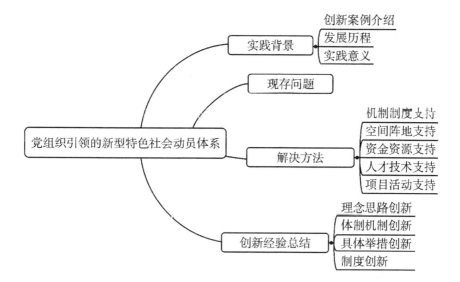

　　城市化高速发展的背景下，社区由于人口的急剧涌入尚不具备成熟完备的城市形态，这使得社区居民缺乏一定的公众参与意识，社区治理出现动员不足等问题。为了有效激发公众积极参与社区治理，推进社会治理现代化，南海区在基层党组织的带领下，在社区单位中打造包含利益表达、议事协商机制等在内的新型特色社会动员体系，提升党组织在社区基层的组织力与号召力，有效提升公众的社会参与积极性。

一、实践背景

（一）创新案例介绍

南海区自 2018 年 3 月起，通过社会化、专业化手段，打造新型特色社会动员体系，在村社、住宅小区等社区细胞中建成常态运作的利益表达机制、议事协商机制、责任共担与利益共享机制、矛盾预防与化解机制，改善社区治理能力不足、动力不足、参与不足、资源不足等问题。通过撬动资源、激发社会活力，提升基层党组织的组织力、统筹力、感召力、动员力、执行力，让公众参与逐步实现有序参与、高质量参与、全民参与、持续参与，建设"人人有责、人人尽责、人人共享"的社会治理共同体。3 年内投入财政资金超过 1.8 亿元，撬动 1.09 亿元的社会资金投入社区治理，开展治理项目超过 1800 个，撬动 75.2 万人次参与社区公共事务。

（二）发展历程

南海区自 2012 年先后推动开展"1 + 8 + N 创益体系""社案制""社会政策观测体系""社会服务类资金统筹"等工作，为响应党的十九大提出的"打造共建共治共享的社会治理格局"[①]，南海区自 2018 年 3 月起，在全区遴选 30 个试点社区，探索建立新型特色社会动员体系，将党的传统工作方法与社会工作专业技术融合，建立更加紧密的社会互动关系，协助党组织增强领导力、组织力、引领力，唤醒居民公共意识，培育社区能力。2018 年是开局年，重点工作目标是建立团队、完善机制、探索解决问题。具体到每个试点社区，需要挖掘不少于 10 个社区居民骨干，培育不少于 2 个社区社会组织（会员人数占本社区居民的比例不低于 10%），解决的社会问题不少于 1

---

① 习近平：《决胜全面建成小康社会　夺取新时代中国特色社会主义伟大胜利——在中国共产党第十九次全国代表大会上的报告》，人民出版社 2017 年版，第 49 页。

个。2019 年是攻坚年，重点任务是培育建强核心团队，将机制嵌入治理体系，探索品牌治理项目。探索社会学习机制，建立社会建设顾问团、社会动员讲师团，传播社会动员理念和技术。探索建立社区规划师团队，针对村改居社区和老旧小区开展"社区微更新"行动。2020 年是提升年，重点任务是建立社会治理闭环。借助市域社会治理现代化试点契机，建立"社会观测—研究研发—配置资源—培育主体—协同共治—建立机制—评估评议—推动政策"的治理闭环，探索建立社区基金，依靠基金启动社区治理行动。

（三）实践意义

南海正处于快速城市化进程中，但城市形态尚未完全形成。高档小区、商业 CBD 和城中村比邻而居，纯农村、城市社区、村改居社区并存，非户籍人口体量倒挂，与户籍人口混杂居住。社区公众的公共意识及公益意识不强，参与社区公共事务和社区自助、互助组织的积极性不高，财富观、价值观逐渐异化。各类社会问题不断涌现，社会融和迎来新挑战。迫切需要加快提升社区党组织的组织力和解决问题的能力，迫切需要引入新专业技术激活社区公众参与，迫切需要培育多元社区社会组织协同动员社区公众，迫切需要培养社区居民骨干引领社区道德重建，迫切需要培养社区公众的公共意识及公益意识。

南海区的新型社会动员体系在实践过程中，无疑对提高社区治理能力发挥了积极的作用。

一方面，新型特色社会动员体系提升社区党组织的社会治理现代化能力。结合新任务、新挑战、新要求，丰富创新党的群众工作手法，通过社区党委抓规划策划、链接撬动、引领统筹，高效解决回应社会问题和需求，提升社区党组织的组织力、统筹力、感召力、动员力、执行力，提升基层治理现代化水平。不断构建共建共治共享工作格局，建设基层治理共同体，夯实基层党组织的执政基础。

另一方面，新型特色社会动员体系建立激发社会活力、促进社会协同的有效闭环。通过厘清社会治理中党委（政府）、社区、社会组织、公众的角色和功能，搭建协商协同平台，构建资源支持网络，健全畅顺参与链条，规范公众有序参与，培育公众参与意识和参与能力，探索建立基层治理实践中"党委领导、政府负责、民主协商、社会协同、公众参与"的工作闭环。

二、目前存在的问题

南海区的社会动员体系建设是实际问题的必然要求，社区治理中存在的现实问题是南海区开展社会动员工作的核心原因。只有了解当前治理过程中存在的问题，才能更好地根据问题导向开展实践。

（一）理念认知不到位

党委政府部门、村居、社会组织对社会治理现代化理念认知不到位，对构建社会治理共同体中各社会参与主体的职责功能、资源特点、参与需求、活动边界、存在问题等了解不深，对"党委领导、政府负责、民主协商、社会协同、公众参与、法治保障、科技支撑"工作格局中的职责分工、治理逻辑、理论实践相融合、效益呈现等认知模糊，实践工作中社会动员能力不足。

（二）资源配置遇挑战

面对日益增长庞大的人口和治理体量，党委政府目前掌握的人、财、物政、空间难以有效回应不断出现的需求、问题、矛盾、风险。教育、居住、养老、公共卫生、公共安全等方面的需求缺口造成各级党委政府巨大的压力，政府配置资源上面临严重挑战，会造成社会不稳定因素沉积，亟须撬动、链接更多社会资源。

（三）管理风险多领域

面对严重超量的治理体量和工作强度，行政管理资源的明显不足造成不少工作短板和监管盲点，容易发生重大公共安全事件、突发事件。食药品安全、卫生防疫、消防安全生产、环境污染、房地产市场监管等领域的管理压力尤为突出。建立社会监督、公众监管的社会动员机制更为迫切。

（四）协商协同未形成合力

社会治理中项目碎片化、断点化、运动化情况仍然较为普遍，对于社会治理的热点、难点、困点问题，形成政社共识、行业共识、多部门共识的程度不高，问题联治、工作联动、政社协同的长效治理项目较少。党委、政府和社会组织之间沟通、认知不多，关于对方的职责事务、运作流程、目标要求、专业特点缺乏必要的了解，协作协同的质量不够高，基层社区党委领导下的共建共治共享格局未形成。

（五）公众参与质量不理想

在社会治理实践中，当前公众参与的方式较为单一，政府主要通过财政资金购买、开展社会服务项目进行公众动员。社会服务项目撬动社会资金、资源的效果差，一旦财政资金断供，项目难以持续，经常出现"机构离场，成效清零"的情况。公众参与公共事务的平台渠道不顺畅，社会组织、公众主动参与社区治理的机制未形成。公众参与的层面较窄，社会组织参与扶危济困、社区救助类活动较多，社区公众参与社区公共事务、社区发展事务较少。户籍人口占参与人数比例较大，新市民参与当地社区治理程度不高。

（六）基础研究起步迟

社会治理涉及各个党政部门的工作领域，却一直没明确统筹部门，直至 2020 年年初才明确由政法委统筹市域社会治理工作。前期对社会治理基础研究不够重视，在政策制度收集研究、治理案例积累、治理发展规划、量化治理指标、制订评价标准等方面存在明显缺失。日常工作实践中缺乏治理数据支撑、专业理念指引、统一指标规范、适切绩效评价，明显影响社会治理现代化进程。

三、解决的方法

厘清当前社会治理实践过程中出现问题之后，我们需要以此为基础进行改进。南海区针对当前社区民众参与度不足，积极性不高的情况，从制度、空间场地、人才、技术资源以及项目活动 5 个角度入手，在基层党组织的领导下，在社区中建设了一套相对全面的社会动员系统，强化社会参与，推动社会治理能力提高。

（一）提供机制制度支持

出台新型特色社会动员体系的系列文件和机制。一是出台政策指引，先后围绕社会创益、社会观测、利益表达、议事协商、矛盾化解、青少年参与、社戒社康、社会组织培育、社建资金创投、党员干部联系群众、社工专业实习等 10 多个方面出台文件及工作指引，指导镇街、社区党组织激发社区活力，动员各类社会力量协同。二是制订服务标准，围绕社区治理项目和服务项目，先后出台《佛山市南海区医务社会工作服务标准》《南海区社区戒毒康复服务指引》《西樵镇驻村（居）社会工作项目指引》《西樵镇驻村（居）社工实务指南》等推荐性标准，推动社会治理标准化建设。

（二）提供空间阵地支持

在区、镇、社区三级创建社区治理空间，打造"1＋8＋N 创益体系"。在区级设立南海社会创益园，打造集社会治理研发、培训、展示、交流功能于一体的社会创益综合体。在各镇街均配建创益中心，开展社会观测、社区社会组织孵化、社会服务研发、社区服务供给等服务。在社区层面建设七一空间、新南海人梦家圆、职工家、亲青家园、融爱家庭服务中心、青苹果之家、小候鸟驿站、邻里中心、街坊会、互助社等约 400 个服务载体，以"空间参与—活动参与—服务参与—公共事务参与"为路径，负责把政府社会福利、社会政策、社会服务输送到社区。对比 2017 年，30 个试点社区 2018 年新增公共空间 30%，2019 年新增公共空间 45%，2018 年和 2019 年社区活动总量分别新增 31%、16%，社区服务总量则分别新增 45%、10%，公众参与社区活动平台渠道日益顺畅。

（三）提供资金资源支持

一是区、镇两级均设立社会治理创新专项奖励资金，促进部门坚持问题导向，撬动、联动社会组织、媒体、企业、高校持续聚焦基层治理重点、难点、困点，以项目为契合点协同开展治理行动探索。二是鼓励社区设立社区发展基金，培育社区组织、社企社团、社区服务项目，助力社区治理。三是建立社会治理资源链接平台，联结商协会、学校、单位、厂企、机构、基金会，为部门、社区、机构提供政策、技术、人才、空间、资金、智力等方面的支援，提升协作效率。四是搭建政社对话平台，坚持每年定期召集部门、机构、行业代表对治理实践中的问题进行研讨协商，解决分歧，增进共识。2018 年至 2020 年年底，区、镇两级每年投入资金超过 6000 万，总开展社会服务、社区治理项目 1800 个。

（四）提供人才技术支持

一是区镇两级均成立社会服务联会，推动辖区社工机构的行业自律发展，促进社工行业主动协同部门、社区开展社区治理。二是成立市域社会治理专委，为基层社会治理实践提供智力支持。三是组建社会建设顾问团、社会动员讲师团，开展社区公益巡讲，传播社会治理理念，配对指导基层社区开展治理实践探索。四是挖掘一线社区干部、社会工作者，培育社区规划师，通过"集中训练—社区实践—微更新大赛—总结提炼"的培养模式，助力社区发展和社区空间改造。五是建设社会工作实习枢纽平台，加强政校合作，推动社工行业发展，壮大本地专业社工队伍。六是推动共青团、卫健、禁毒等区直部门，联合社工行业、高校设立青少年事务、医务社会工作服务、社区戒毒康复服务等专业委员会，提升社会治理中的专业化应用效能。

（五）提供项目活动支持

一是通过政府购买方式在基层社区开展关爱救助、文体康乐等普惠性社会服务项目，营造社会和谐关爱氛围。二是撬动青商会、女企业家协会、基金会等民间资金，通过支持公益项目，完善社会救助体系。三是自主研发实施社会动员项目，区、镇统一开展社戒社康对象关爱、青少年心理健康支持、矛盾纠纷化解、社调社研大赛、居民议事厅、创建熟人社区等品牌行动。四是确立基层社会动员导向，重点孵化互助类、治理类、发展类、资源类社区组织，培育社区安全、社区环保、社区文化、社区发展、居民互助类项目。

四、创新经验总结

在对南海区社会治理过程中遇到的问题以及对应采取的措施进行梳理后，对于在这一过程中的创新经验，也应当予以总结，形成经验模板，为其他地区的相关实践提供经验参考。

（一）理念思路创新

通过观察南海区建立新型特色社会动员体系的成功案例，理念创新是其成功实践的思想基础，主要表现为以下几点。

1. 新时代群众路线的内涵

将群众路线与治理行动有效结合起来，在社区治理过程中时时处处践行群众路线。一是增强社区党组织的群众工作本领，运用驻点普遍直接联系、党员户联系、网格化、楼长接访日、网上议事厅等新路径、新技术听取群众意见需求。二是创新群众工作体制机制和方式方法，利用议事协商、社区自组织培育等方式，依靠群众解决社区问题，向群众学习社区治理技术。三是以项目化方式关心社区戒毒康复人员、社区康复精神病人等最困难的群众，开展"双联系引领社区康复行动"等项目，解决群众最关心的问题。

2．能力的创新

创新提出了政府部门、社区党组织、社区居民、社会组织等各类主体需要的5种治理能力。一是资源配置能力，建立聚焦问题的资源配置机制和财政资金购买项目的全过程监督监管机制。二是社区动员能力，通过实践参与层次论，将社区中的人和资源特别是新市民群体有效组织起来，推动解决社区公共问题。三是协商协同能力，通过枢纽型社会组织和枢纽型社区社会组织搭桥，开展常态的政社对话、沟通议事行动，促成有效达成政社共识、行业共识、社区共识。四是网络对话能力，鼓励社区党组织利用微信公众号、微信群开展微治理，以楼栋为单位建立业主群，以出租屋为单位建立出租屋管理群，并创新开展群内议事对话，利用更便捷的方式鼓励居民与社区沟通。五是研究研发能力，通过问题定期研判、调研大赛、创新项目征集等常态活动，持续提升社区的问题研究和项目研发能力。

3．社区治理的路径

以激发社区活力、培育社区治理为主线。一是创新公众参与治理的路径，以"空间参与—活动参与—服务参与—公共事务参与"为路径，引导公众有序参与社区治理议题。二是开展常态治理，改变传统运动式治理方式，通过微治理、常态治理培育居民治理能力，将社区各类公共事务纳入议事协商清单。

（二）体制机制创新

除了理念创新外，南海区也通过体制机制上的创新举措搭建起全面的社会动员体系，深入了解社会需求并多途径解决现存问题。

1．社会观测制度

建立覆盖政府部门、社会组织、学者、媒体、社区工作者的社会观测制度，区、镇两级政府部门每年提交社会观测报告和问题清单，并通过社研与社联主题调研大赛鼓励各类主体持续深入社区研究问题，探索问题解决办法。

2．统筹政府购买社会服务机制

通过介入残疾人、非户籍人口、精神病人等类别的项目资金立项、过程监管、绩效评估的全过程，解决财政资金投入散、乱等问题，提升社会服务质量，促进社会服务标准化。

3. 社区公益创投机制

对社会观测发现的突出社会问题，区级利用社会建设创新奖励资金，各镇街利用"关爱基金"等各类财政资金开展公益创投，孵化社会组织、社区社会组织，探索社区问题的更有效解决方法。

4. 多元矛盾纠纷化解机制

分发挥区、镇、村三级组织联动功能，将人民调解、司法调解和行政调解有机衔接，形成矛盾纠纷"三调联动"的横向覆盖网络。建立跨区域、跨行业、跨部门协同联动合力有效化解矛盾纠纷的任务协作机制，市场化、专业化、职业化为参与主体化解矛盾纠纷的多元主体培育机制，以精细化管理为主的绩效考核与奖惩机制。

（三）具体举措创新

有了相应的机制支持后，我们需要维持体制机制的可持续运作，南海区也就此开展了一些措施为社会动员体系的长期运转予以支持。

1. 覆盖区—镇—社区的创益体系

建立"区社会创益园""镇街创益中心""社区服务、镇街协同"的创益体系，明确两级创益中心社会观测、社会服务研发（社区社会服务研发）、社会组织培育（社区社会组织培育）、社会服务供给（社区服务供给）四项功能，并指导社区社会组织运营各类社区阵地，提供社区服务。

2. 建立社区治理服务标准体系

先后制定出台《佛山市南海区医务社会工作服务标准》《南海区社区戒毒康复服务指引》《西樵镇驻村（居）社会工作项目指引》《西樵镇驻村（居）社工实务指南》等推荐性标准，并通过培训、评估等形式推动标准应用。

3. 建立社区治理创新人才培育体系

对社区工作者、社会工作者开展社会动员系列培训，培养社区规划师等创新人才，嵌入原有治理体系开展社区治理工作。

4．社区治理智囊团

建立社会建设顾问团、社会动员讲师团，引入学界、实务工作者和社会公众为社会治理出谋划策，并深入社区开展社会治理技术传播工作。

（四）制度创新

维持社区动员体系的长效性，最终需要兼具约束力和执行力的配套制度，由此支撑动员系统的可持续运作，为此，南海区政府开展了以下制度创新举措。

1．**新型特色社会动员体系"1＋8"文件**

印发了《南海区试点建立新型特色社会动员体系工作方案（试行）》及《南海区新型特色社会动员试点社区动员青少年参与社区治理工作指引》《南海区新型特色社会动员试点社区试行党组织统筹的议事协商机制工作指引》《在社会动员试点社区建立利益表达机制的工作指引》等9份文件，明确社会动员的试点方向、具体任务、工作指引、保障措施等。

2．**统筹社会类公共服务资金管理办法**

印发《佛山市南海区人民政府办公室关于印发〈佛山市南海区区级社会服务类项目支出管理办法（试行）〉的通知》，明确项目申报入库与审核流程，对各类社会服务项目建立明确的服务标准和中长期规划，并以服务标准和中长期规划为依据对项目绩效进行考核评价。

3．**社会建设创新奖励资金管理细则**

将专项奖励资金分为探索性奖励资金和成效性奖励资金，用于鼓励和支持职能部门、镇（街道）、村（社区）、社会组织等多元主体积极探索社会治理创新。

4．**创益中心实体化运营的意见**

印发《推动镇（街道）创益中心实体化运营指导意见（试行）》，明确区社会创益园、创益中心作为区镇两级创益总部，要将重构政府、企业、社区、社会组织、公众之间的信任关系，推动公众参与公共事务，完善社会治理体系，解决社会问题作为首要工作目标。

5. 楼长参与社区治理工作机制

印发《南海区"楼长制"工作指引》，进一步规范楼长的推选和管理，广泛发动群众参与社区治理。

6. 多元矛盾纠纷化解机制

印发《关于构建共建共治共享的社会矛盾纠纷多元化解工作机制的意见》及《南海区调解化解矛盾纠纷"以案定补"实施办法》等4个配套文件，安排专门资金，配置专职调解员，扶持第三方调解组织和个人调解工作室建设、化解矛盾纠纷，实施"以案定补"。

案例 13
打造全球溯源体系，深度自贸制度改革

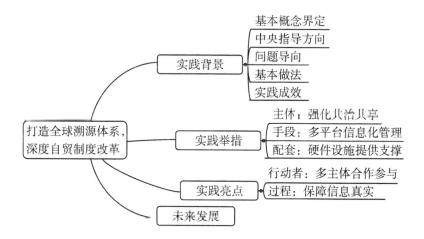

全球溯源体系是南沙全自主知识产权打造的全国首创标志性制度创新成果，上线以来成效显著、影响广泛，涵盖了全品类全贸易方式。为推动全球溯源体系更广泛应用和解决在复制推广过程中面临的标准缺失问题，南沙率先制定首个全球商品溯源标准体系。全球溯源体系标准体系的制定将极大提升全球溯源体系的运行效率，推动全球溯源体系在各地快速复制推广、跨行业跨领域延伸，为全球溯源中心建设成为全球数字经济公共设施及其复制推广起到积极的指导作用，为数字经济时代形成社会治理新机制、新模式提供新方案。

一、实践背景

（一）基本概念界定

全球溯源体系是各国政府部门、企业和消费者共建共享的价值传递体系，以物联网、云计算为手段，创新市场化、法制化、国际化核心规则，分级采集商品全周期信息，科学分析与精准识别，实现风险可识别、可控制、可处置，服务于货物流通、贸易便利、权益维护，构建质量安全与风险可控的国际贸易生态链。秉承共商共建共享原则，以最低成本实现商品价值的真实传递和国际贸易质量识别，形成新时代国际贸易的中国规则和中国方案，实现风险可控和精准应用，助推国际贸易最大程度便利化和自由化。

（二）中央指导方向

党的十九大报告提出必须坚持质量第一、效益优先，[①] 明确提出建设质量强国。按照党中央、国务院关于自贸区建设要"大胆试、大胆闯、自主改，进一步彰显全面深化改革和扩大开放试验田的作用"[②] 的要求，中国（广东）自由贸易试验区广州南沙新区片区在全国首创全球质量溯源体系，为推进我国质量溯源体系建设提供了前沿范本，形成了自贸制度向国际规则转变的雏形。为深入贯彻落实《粤港澳大湾区发展规划纲要》关于"支持广州南沙建设全球进出口商品质量溯源中心"[③] 的要求，主动应对国际贸易进入"质量竞争"与"产业链竞争"的深度变革趋势，南沙新区片区依托全球溯源体

[①] 习近平：《决胜全面建成小康社会 夺取新时代中国特色社会主义伟大胜利——在中国共产党第十九次全国代表大会上的报告》，人民出版社2017年版，第30页。

[②] 参见《中国（上海）自由贸易试验区：大胆试 大胆闯 自主改》，见中国政府网（http://www.gov.cn/xinwen/2021-04/20/content_5600706.htm），2021-08-31。

[③] 中共中央、国务院：《中共中央 国务院印发〈粤港澳大湾区发展规划纲要〉》，见中国政府网（http://www.gov.cn/gongbao/content/2019/content_5370836.htm），2021-08-31。

系，正加快建设集溯源展示、业务运作、数据监控、产业培育、风险分析、智能预警、公共培训、国际交流、学术研究于一体的全球溯源中心。

（三）问题导向

习近平总书记指出："要推进互联网、大数据、人工智能同实体经济深度融合，做大做强数字经济。"① 当今世界，正在经历一场更大范围、更深层次的科技革命和产业变革。发展数字经济，引导数字经济和实体经济深度融合，成为推动经济高质量发展的必由之路。然而数字经济时代人类面临新的社会问题：全球数据呈爆炸式增长，形成数字世界，然而大数据、数据大带来数据世界混沌，海量的数据碎片化、无序化，真假难以甄别，数字运行的无规律性和不可预知性为数据资产管理、数字经济治理带来极大挑战。实现商品真实价值传递的全球溯源体系正是在这样的背景下诞生的，是有效解决数字经济时代社会痛点的高效低成本的新方案。全球溯源体系具备不同维度数据采集、识别、校验能力，识别混沌数字世界的信息错误与信息干扰，实现去伪存真、商品价值信息真实传递，是时代发展的必然产物。

（四）基本做法

南沙率先制定首个全球商品溯源标准体系，目前该体系已经完成《全球溯源体系标准体系框架》的编制，并经专家评审，该框架结构合理、层次清晰，涵盖了全球溯源体系的技术、服务、管理标准规范，可为应用方和共建方提供规范化和标准化的指导依据。《全球溯源体系标准体系框架》以全球溯源体系运行规则和全球溯源中心基本定位为准则，包含通用标准、共建标准、信息化标准和全球溯源中心运营标准 4 个子体系，搭建了全球溯源体系标准体系的基本架构。首期将编制共建标准子体系下的《全球溯源体系共建方通则》《全球

---

① 参见《〈关于推动智能建造与建筑工业化协同发展的指导意见〉解读》，见中国政府网（http://www.gov.cn/zhengce/2020 – 08/17/content_5535307.htm），2021 – 08 – 31。

溯源体系服务通则》《全球溯源中心建设指南》3 项标准，对全球溯源体系共建方参与溯源、溯源信息化建设、溯源中心建设及其运营管理和服务的质量进行了明确。

（五）实践成效

1. 相关体系基本定型

全链条溯源体系在实践改革之后初步成型。已涵盖一般贸易、跨境电商、市场采购出口等全贸易方式，覆盖食品、消费品、汽车等全品类，共赋码 10390 万个，溯源商品货值达 606 亿美元。京东、天猫、唯品会、美赞臣、美的、宜华、四洲等全球 15016 家企业参与溯源，涉及的商品品牌达 8716 个，参与者一致认同体系的品质、品牌传递能力。溯源查询只需登录公共服务平台或免费下载安装手机应用软件扫码即可快速获取商品溯源信息。目前已有约 1683 万人次进行溯源查询，遍布全国所有省市自治区、港澳台和亚、欧、北美、大洋四大洲，赢得消费者广泛的认可和信赖。

2. 治理效率得以提升

在监管层面，通过溯源体系的应用，市场采购出口商品查验率降低 90%，验放周期由平均 2～3 天缩短为 16 分钟，跨境电商平均通关时间为 105 秒，平行进口汽车通关提速 3 倍，监管效能大幅提升。

同时，通过溯源体系应用，南沙口岸查获涉嫌假冒伪劣商品线索 137 条，未如实申报线索 373 条，立案行政处罚 189 起，发现涉刑线索 11 条。通过建立投诉举报受理机制，打造全程溯源投诉举报受理中心，共收到关于质量的投诉和举报邮件、电话、函件共 919 个/份，受理其他行政执法部门司法调查 81 件/次。打击假冒伪劣产品也获得了显著成就。

在治理主体层面上，市场监管、公安、打假办等部门主动要求参与溯源体系建设和应用，推动互联互通、协同协作，建立跨部门监管合作平台。溯源体系已在广东、湖南、福建等地全面推广应用，一体化监管体系逐步形成。美国、澳大利亚、西班牙、意大利、泰国等多个国家相关机构、行业协会和企业积极响应。澳大利亚副总理乔伊斯明确表示，澳方愿积极应用溯源体系，并由澳洲农产品率先开展试点。APMEN（亚太示范电子口岸网络）已将溯源体系作为 APEC（亚太经济合作组织）成员国第二批复制推广项目。东盟中小企业经济贸易发展委员会主动来到南沙学习溯源体系，双方共同签署《共建全球质量溯源体系合作备忘录》。同时，该体系也引起了国家瞭望智库、中山大学自贸区综合研究院、《经济日报》等的高度关注。为推进我国溯源体系建设提供了前沿范本，形成了自贸制度向国际规则转变的雏形。

3. 大范围推广与应用

同时，得益于全球溯源体系的应用推广，近年来南沙跨境电商等数字贸易新业态得到了迅猛发展，走在了全国前列，得到了社会各界的积极认可，同时也促进了国际贸易商业模式创新。目前全链条溯源体系已初步成型，涵盖一般贸易、跨境电商、市场采购出口等全贸易方式和全商品品类，已经吸引全球 15016 家企业参与，涉及商品品牌8716 个，共赋码 10390 万个，溯源商品货值达 606 亿美元，已有约1683 万人次进行溯源查询，赢得消费者认可和信赖。形成"好货走南沙"和"放心消费"的新格局。其应用实例"跨境电商监管模式"入选商务部"最佳实践案例"。

目前，全球溯源体系已在广东、福建、河南等地全面推广应用，得到了美国、澳大利亚、西班牙、意大利、泰国等多个国家相关机构、行业协会和企业积极响应。2020 年 7 月美赞臣跨境中心已加入全球溯源体系、签署共建倡议书，成为全球首个以全品牌加入工厂级溯源的试点。Intertek 天祥集团、上海中商作为检验检测产业、产品数字服务的龙头企业，正在筹备加入全球溯源公共服务体系事宜。中科院物联网、云从科技、深圳超算正研究拓展基于溯源的新应用场景。其中云从科技联合中国工商银行广州分行、广州银联运用全球溯源体系打造的"金融监管沙盒"，入选中国人民银行广州分行首批金融科技创新监管应用试点。

截至目前，围绕全球溯源中心信息化系统涉及的核心技术和关键技术，已研发形成 20 项专利，包括去中心化架构、数据采集、数据

识别、数据标识、数据传输等内容。已发布全球溯源体系标准体系框架，正在开展全球溯源体系标准体系研究编制工作。

4. 推动地区产业发展

南沙市场采购出口业务以每年超过30%的比例增长。2018年1—8月市场采购出口商品14.46万批，货值70.87亿美元，25.79万标箱，批次和标箱同比分别增长24.01%和24.77%。商品出口至全球190个国家和地区，近几年出口业务的蓬勃发展直接推动南沙港区新增39条国际航线。2018年跨境电商入境共计3704.76万批、货值85.04亿元，同比分别增长54.28%和62.97%。南沙保税网购方式（B2B2C）的跨境电商进口业务在全国占比达20%。全球溯源带来的产业集聚效应明显。

二、实践举措

（一）主体：强化共治共享

全球溯源中心的定位为数字经济公共基础设施，是全球溯源体系的落地运营载体，由地方政府主导建设、监管部门共建共用、社会组织共同参与，秉持"共建共享、真实安全、开放便利"的原则，建设成为集溯源展示、业务运作、数据监控、产业培育、风险分析、智能预警、公共培训、国际交流学术研究于一体的现代化、智能化综合型多功能平台。

通过全球溯源中心的建设，以商品为主线形成生产、流通、消费、服务等价值传递的规则体系，各参与者既提供信息，又享受信息的数据应用价值，通过共建共享，形成良币驱逐劣币的优质生态，打造新时代国际贸易的新型规则和解决方案，引领全球贸易规则的创新。

（二）手段：多平台信息化管理

全球溯源中心信息化建设依托全球溯源体系规则标准，搭建全球溯源公共基础设施，建设区域溯源管理中心及公共服务平台，并面向区域/行业用户实现溯源应用开放。全球溯源区域中心管理系统承担该区域内数据信息采集、识别、共享和协同，包括检验检测服、知识产权保护、消费者权益保护和溯源产业服务等公共服务平台。溯源应用是基于全球溯源体系规则，有效利用全球溯源数据搭建的监管部门、行业产业的全新应用。同时通过对人工智能、区块链、云计算、大数据等前沿信息技术的全开放，更好地服务溯源业务全开放并为新技术提供各种应用场景，进一步推动技术革新。现阶段全球溯源中心主要搭建以下四个公共服务平台。

检验检测公共服务平台。该平台向全球品牌商、贸易商、生产商开放，支持在线发布各种商品检验检测需求、接收检验检测数据及结果。聚集全球一流的检验检测服务商入驻该平台，系统地展示完整的检验检测标准、检验检测服务，承接各种商品检验检测需求、发布检验检测数据及结果。监管应用单位应用该平台的基础数据与检验检测结果，更加精准管控风险，实现贸易便利化。

知识产权保护公共服务平台。该平台向企业系统地介绍知识产权保护服务，支持企业上传知识产品信息、在线进行侵权举报。监管应用单位在该平台通过源头追溯、实时监测、在线识别对侵权行为进行核实、处理，着力提升打击侵权假冒行为的力度和精准度。该平台建设知识产品保护数据库，对接全球商品基础数据库，基于大数据应用，构建"溯源＋"知识产权保护模式。

消费者权益保护公共服务平台。该平台向消费者系统地介绍消费者权益保护服务，支持消费者进行溯源查询、在线咨询、消费投诉建议、维权申诉。企业同步落实跟进，进行消费者反馈办理。监管应用单位通过该平台收集消费者反馈、协同处理消费者反馈，监督企业，配合措施，保障消费者权益。

溯源产业公共服务平台。该平台围绕全球溯源体系带动的溯源产业链，通过提供全方位、多层次的专业性公共服务，推动形成完善的商品识别、防伪溯源、产品赋码、人工智能、公证服务、大数据分析应用等配套服务产业链。该平台提供可共享共用的软硬件设施设备和信息资源等要素支撑，为溯源产业链上下游企业的发展提供政策信息、供应链金融、知识产权、产业大数据、人才培训等公共服务，打造粤港澳大湾区的溯源产业孵化基地

（三）配套：硬件设施提供支撑

建设全球溯源中心包括建设全球溯源实体运营中心，并以此作为线下实体设施配合信息化系统的搭建。该中心初期建设总面积约1600平方米，承担展示、公共服务、创新应用孵化、会务交流、日常办公等职能，包含溯源展示中心和运营管理中心两大功能中心。

溯源展示中心是全球溯源体系规则在全球溯源中心的具现化，旨在完成溯源理念和规则直观化传输。溯源展示中心设置多项多媒体展项，系统、全面展示全球溯源体系和全球溯源中心，让参观访问人员可直观地了解与认知并产生共鸣。溯源展示中心内设全球溯源体系体验平台，采用人工智能化管理，融入全球溯源体系功能特征，直观展示全球溯源体系运行逻辑和全球溯源中心架构逻辑，增强展示体验效果。

运营管理中心实现全球溯源中心作为数字经济公共设施管理及应用服务的标准化，推动全球溯源体系跨行业、跨地域、跨国家的快速复制推广。运营管理中心的功能满足对外业务办理服务、创新应用服务、办公、会议、研讨等需求。其中设置的全球溯源中心四大公共服务平台业务办理服务区，满足业务办理、交流、研究等服务需求；"溯源＋"创新应用孵化功能服务区，用于溯源创新服务与应用推广，具备交流研讨、成果演示、技术应用演练等功能。

三、实践亮点

全球溯源体系是适应国际贸易一体化、便利化和自由化的全新规则，是符合市场化、法治化、国际化的规则，是共建共享的多方共赢体系。

（一）行动者：多主体合作参与

政府、企业和消费者共同参与，将商品全生命周期中的碎片化信息汇集整合，再向溯源各共建方传递全面有效、科学权威的价值信息。各参与者既是原始数据的提供者，同时也可以从信息系统的搭建中共享所需的信息资源。在体系中纳入多行动主体间的合作是全球溯源体系的亮点之一，这有利于信息范围的不断扩大。溯源系统拥有完整的准入和管理规范，对各国政府、企业、消费者、具备资质的公证机构和第三方机构等全面开放。

（二）过程：保障信息真实

全球溯源系统通过分段采集全生命周期各环节商品信息并有效整合、验证，溯源信息完整可靠；分级展示商品溯源信息，由各溯源共建方自主判断和选择；采用自主知识产权的"溯源码"为载体，确保溯源信息的唯一性、准确性和安全性。

四、未来发展

全球溯源中心的建设将推动全球溯源体系全面开放应用，立足数字经济公共基础设施的定位，基于全球溯源体系建立基于商品价值的全新数据规则，打造数字经济时代"全球商品数据库"，服务社会参与各方，实现高效的数据流动和数字治理新模式。

全球溯源中心将实现国际贸易商品真实价值传递，打造良币驱逐劣币的良性国际贸易生态环境，增进国际互信互认，助推国际贸易最大程度便利化自由化。

全球溯源中心以"溯源+"全开放的应用定位，促进技术、贸易、服务、金融、信息等产业集聚，培育产业竞争新优势和基于全生命周期溯源、价值传递与风险可控的高端价值链服务产业新生态，激发经济增长新动能。

案例 14
党建引领社会治理现代化，社会参与戒毒康复

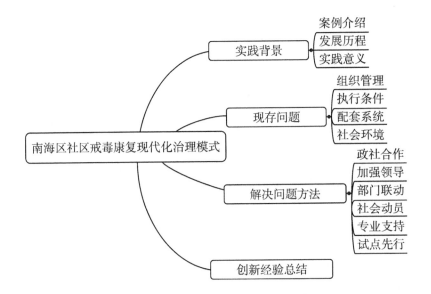

强化社会参与往往是提高现代化社会治理水平的主要抓手之一。在以往社区治理工作过程中，存在着政府部门单边作战、治理任务难以落地等问题，而动员社会力量参与能够缓解这些问题，佛山市南海区在社区戒毒康复工作中，在基层党组织的带领下，不断探索社会参与戒毒工作的新模式，有效推动了社会治理的现代化水平。

一、实践背景

对南海区社区戒毒康复现代化治理模式进行深入分析的前提在于对该案例有足够多的了解。我们将先着重介绍该案例的社会背景，具

156

体发展情况以及该实践模式的实际意义。

（一）创新案例介绍

为认真贯彻落实国家、省禁毒工作部署，根据国家禁毒办《关于加强社区戒毒社区康复工作的意见》和《南海区市域社会治理现代化试点工作方案》，区委、区政府把社会参与社区戒毒康复工作纳入市域社会治理现代化工作重要任务，不断探索深化"镇街党委领导、部门齐抓共管、社区党组织统筹、专业机构支持、社会共同参与"的南海社区戒毒康复工作现代化治理新模式。

（二）发展历程

2017 年 7 月，南海区出台全区工作方案，同时制定了相关配套的标准性文件。各镇街均制定了相应的实施行动方案，选取试点社区陆续启动工作，建立关爱支援团队。该项工作被纳为区委首批七大协同主题直联工作之一。

2018 年，各镇街试点社区对本社区的关爱对象（及其家庭）情况做好调研摸底工作，同时根据关爱对象的复吸风险及接纳程度做好分类联系，通过一人一档建立关爱档案并确立重点对象，来开展关爱工作。

2019 年，南海区总结成功经验案例，试点社区成熟一个推动一个，以点带面，逐步扩面实施。当年南海区的"双联系引领社区戒毒康复行动"荣获 2019 年度中国十大社会治理创新奖项。

2020 年，区委、区政府把社会参与社区戒毒康复工作纳入市域社会治理现代化工作重要任务，截至 2020 年 11 月，全区已成立社区戒毒康复关爱支援团队 634 支，成员 1596 人，建立关爱档案 1441 份。关爱服务覆盖 220 个社区，行动累计服务超 47000 人次。

2021 年，经过几年试点探索并依据南海区委办转发《佛山市南海区推进市域社会治理现代化试点工作意见》的最新精神，区委政法委牵头修改并重新制定《南海区社区戒毒康复现代化治理试点工作方案》，进一步完善南海区社区戒毒康复现代化治理模式。

（三）实践意义

通过整合统筹各方资源，运用社会化、专业化、法治化等手段，开展社区戒毒康复工作，构建社会支持体系，破解管控对象、禁毒部门、党委政府、社区、社工机构、社会面临的治理困境。建立1个核心（社区党组织）+2个平台（社会动员平台、三级党建网格平台）+3个团队（户联系党小组团队、社工专业团队、关爱支援团队）+4张网络（义务支持网、友情支持网、道义支持网、专业支持网）+5种支持（情感支持、物质支持、社交支持、就业支持、服务支援）的现代治理新模式，使社区戒毒康复工作实现"六到位"（专业支援到位、工作设施到位、指导监督到位、党员参与到位、社会动员到位、关爱团队到位），有效推动家庭回归、社交回归、职业回归。

二、现存问题

南海区推进社会力量参与戒毒康复现代化治理工作的举措并非心血来潮，而是根据当前工作中存在的实际问题所开展的有针对性的举措。

（一）组织管理：工作方法单一，联动机制不畅，公安部门单兵作战

长期以来，公安部门开展禁毒工作时以传统打击、管控、强制为主，工作方法较为单一，关爱支援不足，未做到刚柔相济、内外结合。公安部门负主责，部门联动不畅，禁毒委成员单位未形成合力。作为属地，社区、村居的本土资源、人脉优势未发挥，社区党组织引领推动作用未突显。社戒社康成效不理想，复吸率较高。

（二）执行条件：禁毒专业服务领域发展不成熟，社戒社康服务持续落地难

在禁毒专业服务领域中，仍未建立起权威统一、行之有效的服务

指标体系和成效评价体系，专业机构良莠不齐却又难以区分。专业服务组织、社工机构发展缓慢，从业人员社会阅历和工作经验普遍不足，高素质专业社工人才紧缺。社工机构链接社会资源和动员社区的能力短板明显，难以推动其他社会力量协同参与。社戒社康服务合同到期后，受服务采购法律法规所限，原服务团队难以保障续约，从业人员流失、变动大，工作成效难以持续，亟须培育本土化队伍。

（三）配套系统：重新回归社会阻力大，社会支持体系未形成

戒毒康复对象在回归家庭、回归社交、回归就业等方面普遍存在家庭关系紧张、家庭破碎、生活圈狭窄、社交圈缺失、社会歧视、就业困难等阻力，存在生理康复、心理康复和社会康复等需求，来自家庭、社会、主客观方面的消极因素长期影响着社戒社康工作的成效。围绕着戒毒康复对象的身心、情感、工作、生活等需求，急待建立起多维度、多层次、多元主体参与的社会支持体系。

（四）社会环境：公众参与欠缺广度深度，社会氛围不够浓厚

社戒社康工作是一项系统而复杂的社会工程，需要全社会共同参与。受党委政府重视程度、公众认知度、专业服务发展状况、参与方式渠道等因素影响，社戒社康工作仍未形成全民参与的社会氛围。公众参与支持社戒社康工作的平台和渠道缺乏，公共意识和志愿意识不强，参与动力不足，明显制约着社戒社康的工作效果。

三、解决问题方法

了解了南海区社区戒毒康复现代化治理模式所处的实践背景与现存的问题之后，我们需要就解决问题的具体手段进行分析，并从中提炼实践经验，形成具有推广效应的模式形态。

（一）政社合作，做专做实顶层研究设计

2016 年下半年，南海区委政法委接受区禁毒办委托，联同南海区社会服务联会聚焦社戒社康问题进行服务研发，邀请了省内多家知名专业禁毒社工机构参与研发了《南海区购买社区戒毒社区康复社会服务方案》。南海区禁毒办采纳了该方案，通过公开招标从 12 家省内知名专业社会服务机构中确定了 3 家，在区内全覆盖推广社区戒毒康复社会服务。这种"区委政法委 + 区禁毒办 + 行业协会 + 社会服务机构"的政社合作专业支持的社会服务项目模式，既提升了政府配置资源的科学性、专业性、准确性，保障了财政资金使用绩效，又提高了服务项目落地的可操作性、顺畅性，有力推动了社会服务的标准化和规范化建设。

2017 年上半年，区委政法委牵头，联合区禁毒办、区社会服务联会先后研发了《"双联系"引领社区戒毒康复协同主题直联工作方案》，制定了《南海区社区戒毒康复服务工作指引》《南海区"双联系"引领社区戒毒康复行动工作手册》等标准性文件。通过《"双联系"引领社区戒毒康复协同主题直联工作方案》，坚定了工作理念，整合了工作资源，明晰了工作职责，确立了工作路径。通过《南海区社区戒毒康复服务工作指引》，规范细化了社工机构、社工开展社区戒毒康复服务的操作流程、工作制度、工作台账。分别制订了《南海区"双联系"引领社区戒毒康复行动工作手册》的社区试行版和志愿者试行版，清晰了社区党组织、社区群众参与社区戒毒康复的工要求、工作流程和工作方法。

（二）加强领导，落实责任扎实推进实施

为加大推动"双联系"行动的力度，区成立以时任区委副书记李军为组长、副区长夏化冰为副组长的工作领导小组，各镇街也分别成立了由镇街副书记为组长的工作领导机构。区领导小组办公室设在区委政法委，负责统筹日常各项工作，定期检查指导镇街、社区，协调解决工作中存在的问题和困难。

为扎实推进"双联系"行动落地，区委政法委、禁毒办分别到七个镇街召开工作动员会和推进会，对镇街相关部门领导、社区两委干部、社工、本土志愿团队开展专题培训，指导镇街制定工作方案，解决"为什么做""怎么做"的问题，增进认知和共识，确保"想得出，做得到，做得好"。

（三）部门联动，整合资源助力基层社区

由区委政法委、禁毒办牵头，联合组织、团委、妇联、宣传、民政、卫计等部门，明确分工，统一步调，充分调动各系统的工作资源和项目，聚焦社戒社康工作，助力社区党委开展社会支持行动。用好党员、青年志愿者、巾帼志愿者三支队伍，为戒毒康复对象（及其家庭）配对关爱支援志愿团队。

（四）社会动员，党建引领构建支持体系

社区党委主动履行主体责任，把社戒社康工作纳入驻点联系和户联系的工作主题，社区党委书记担任社区戒毒康复工作小组组长，社区两委干部均结对支援戒毒康复对象（及其家庭），充分发挥"双联系"在解决问题、社会动员方面的机制优势。通过党建引领，党员干部带头，建立熟人志愿团队，开展恒常关爱支援行动，搭建参与机制和平台，联动社区多元主体共同构建戒毒康复对象（及其家庭）的社会支持网络。

（五）专业支持，有机结合社区治理创新

按照市禁毒办要求，通过购买社会专业服务，全覆盖引入专业禁毒社工机构，专业化推进社戒社康服务。区委政法委、禁毒办、区社会服务联合会成立社区戒毒康复专业委员会，定期研究解决各中标机构在服务供给过程中遇到的问题。区禁毒办委托区社会服务联合会，负责对中标的 3 个社工机构开展社戒社康服务常态督导，保障服务方案的完成质量。搭建中标机构与服务落地社区的沟通平台，强化政社联动意识，提升社区干部在开展社区治理、社戒社康工作中的社会工作理念、专业服务技能，对社戒社康重点个案、本土志愿团队关爱行动提供技术支持。

（六）试点先行，稳步探索社戒社康新模式

按照社区自愿、镇街推荐原则，从各镇街选定 23 个试点社区推行"双联系"引领社区戒毒康复行动方案。各镇街从试点社区开始，成熟一个推动一个，以点带面，扎实推进。每个试点社区均成立了以社区书记为组长、社区民警为副组长的社戒社康工作小组，按 1∶1 比例为每个戒毒康复对象（及其家庭）结对建立一支"镇街禁毒专职工作人员 + 社区干部 + 社区网格员 + 社工 + 驻村警官 + 骨干党员 + 熟人志愿者"的本土关爱支援队伍。

四、创新经验总结

通过上述对于该案例实践手段的阐述，我们已经对于该现代化治理案例有了较为全面的认识，然而，分析该案例中反映的实践创新点也是一项具有必要性的任务。对实践创新点进行经验总结，能够更直观让我们体会该案例的成功要素，从而为其他地区相似的实践提供宝贵经验。

（一）强化 1 个核心，制度化实现高效协同

坚持党建引领社戒社康工作，社区党委（党总支）、社区戒毒康复工作小组充分履行主体责任，大力撬动、整合、统筹各方资源，不断建立完善联治联动和社会协同的禁毒机制，研究、协调、解决实践探索中的重大问题，每季度讨论社戒社康工作不少于 1 次，推动各类主体、各项机制充分发挥效能。

（二）借力 2 个平台，品牌化推动治理创新

通过做实三级党建网格平台和新型特色社会动员平台，充实做实社区关爱队伍，密切关注社戒社康对象（及其家庭），及时掌握、研

究、解决对象（及其家庭）的困难，创新党建品牌，持续提升治理效能。

（三）活化 3 个团队，组织化推动全民参与

一是按照户籍吸毒人员和社工 30：1 的比例，通过政府购买服务的方式，为各社区配备专职、专业的禁毒社工，加强专业服务团队与禁毒部门的协同合作。二是社区党组织牵头，动员社区公众，为每个社戒社康对象（及其家庭）1 对 1 结对建立"镇街禁毒专职工作人员 + 社区干部 + 社区网格员 + 社工 + 驻村警官 + 骨干党员 + 熟人志愿者"的本土关爱支援团队，激活社区参与，确保关爱活动持续开展。三是发挥户联系党小组团队功能，联同社工专业团队、关爱支援团队、搭建家庭、社区、部门、专业机构联动平台，恒常开展关爱行动，营造社区禁毒氛围。

（四）建立 4 张网络，社会化构建支持体系

一是重构家庭支持网，围绕社戒社康对象家庭沟通障碍等问题，由禁毒社工与支援团队合作修复家庭关系，重启家庭支持功能。二是重建友情支持网，通过积极物色挖掘社戒社康对象的亲朋好友、同学邻居，不断壮大本土关爱支援团队，重塑社区交际圈。三是建立道义支持网，有条件的镇街，由部门和社区党组织发动慈善会、商协会、厂企建立社戒社康专项暖心基金，设立专门就业岗位或公益岗位，动员政社各界共同关注支持社戒社康工作，为对象（及其家庭）建立生活和就业保障机制。四是建立专业支持网，通过购买服务引入专业社工机构，成立禁毒专委会，加强与院校、专家学者的沟通合作，研讨解决支援服务供给问题。

（五）提供 5 种支持，专业化提升服务效能

社区党组织通过激活多元主体参与，围绕社戒社康对象（及其家庭）的不同层次需求，提供情感支持、物质支持、社交支持、就业支持、服务支援，以就业支持为核心，情感支持、物质支持、社交

支持为支撑，服务支援为保障。区委政法委指导相关行业组织制订完善社戒社康工作指南和行业服务标准，建立实施就业跟踪、全周期个案管理等制度，通过心理咨询、家庭治疗链接医学支援，形成生理脱毒、心理康复、就业帮扶、回归社会全链条的戒毒康复模式，不断提升巩固服务效能。

案例 15
建设"物业城市"模式，提升社会治理水平

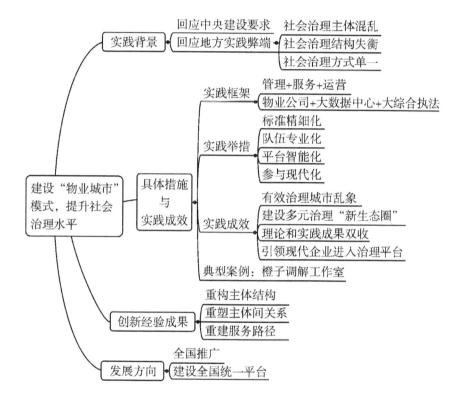

一、探索"物业城市"模式的实践背景

关于城市治理新模式的探索，需要以具体的导向或实际问题为基础，否则对于治理模式的发展往往容易演变为政府彰显政绩的工具而

脱离了人民群众的真实需求。珠海市横琴新区对于创新型社会治理模式的探索紧紧围绕着"人民的主体性"这一核心思想，大胆探索，旨在创新，不断提升人民群众的参与感和安全感，发展"物业城市"的创新模式，结合"管理＋服务＋运营"的理念，切实提高政府公共服务能力。关于"物业城市"治理模式的创新性探索与实践，既是对于中央就粤港澳大湾区建设要求的积极回应，也是对于当前地方城市实际治理弊端的良效解决方式。

（一）回应中央建设要求

2018 年 3 月 7 日在十三届全国人大一次会议上，习近平总书记在参加广东代表团审议时提出，广东要在营造共建共治共享社会治理格局上走在全国前列。[①] 广东团代表纷纷表示，将牢记总书记嘱托，充分发挥基层党组织战斗堡垒作用，把基层治理同基层党建结合起来，为广东在营造共建共治共享社会治理格局上走在全国前列贡献力量。

作为珠海市重点区域之一，横琴新区肩负为澳门经济适度多元化发展提供服务的重任，肩负向全国输出创新经验的职责，而社会治理创新是推动粤港澳深度融合的必由之路。为了积极有效地回应习近平总书记对于广东"在营造共建共治共享社会治理格局上走在全国前列"[②] 的重要指示，同时对照粤港澳大湾区的建设要求，解决传统治理工作中的弊端，横琴新区不断深化对社会治理规律的认识，积极贯彻落实中央"简政放权、放管结合、优化服务"的改革工作要求，大胆探索"物业城市"模式，推动从"管理型政府"向"服务型政府"转型，在城市智慧化管理方面率先探索"市民治理"与"互联网＋"的理念，着力推动社会治理模式由"政府全包"向"市民治

---

① 参见《广东加快营造共建共治共享社会治理格局》，见广东政法网（http://www.gdzf. org. cn/zwgd/201807/t20180719_957016. htm），2021 - 08 - 31。

② 参见《广东加快营造共建共治共享社会治理格局》，见广东政法网（http://www.gdzf. org. cn/zwgd/201807/t20180719_957016. htm），2021 - 08 - 31。

理"方向转变，在运用先进理念、科学手段、专业方法提升社会治理成效方面，取得了一定成功。

与此同时，"物业城市"模式由基层在实践中创造，由问题导向，经过了时间和实践的检验，《物业城市白皮书（2020 年）》的发布更加确定其理论的可行性，理论和实践证明其是可行的落地模式。

（二）回应地方实践弊端

横琴新区勇于创新、积极探索社会治理新模式的工作，是针对地方治理实践中存在的弊端给予的高效反馈。横琴新区依旧存在着亟待解决的传统社会治理工作中的弊端。

1. 社会治理主体混乱

针对较为棘手的社会问题，往往需要有一个责任划分清晰的主体来带领区域性治理工作，高效合理解决人民群众的问题，但在传统的社会治理模式中，往往存在着治理主体不明确，社会发育不足的问题。一方面，在组织结构的横向层面上，政府部门九龙治水又相互扯皮，责任边界划分不清晰，且由于相互推诿又难以达成部门间合作，这使得社会治理工作往往难以得到高效开展。另一方面，从组织功能的纵向层面出发，由于政府对治理问题往往呈现出"广泛性管理"的形式，这使得整个管理过程刚性有余但专业度不足，纵向上政府的专业化水平不足以支撑其解决广泛的社会治理问题。

2. 社会治理结构失衡

站在政府—社会关系的宏观视角对传统社会治理模式进行观察，也依旧能发现不少的问题。传统治理模式总体是大政府、小社会的形式，政府强，市场和社会力量弱，这在治理结构上产生了极大的不平衡，社会各主体难以参与，政府又无法保障高效且具专业性的公共服务，难以有针对性地理解并解决基层群众问题的痛点，在治理工作上"大包大揽"的"大政府"形态造成社会治理结构的失衡，难以提升社会治理水平。

3. 社会治理方式单一

在社会治理工作开展的过程中，也存在治理方式过于单一的问题。行政强、法制弱的情况在新区政府的管理工作中频频凸显，解决问题的手段过于单一，也不利于构建社会问题处理的长效机制。

二、建设"物业城市"具体举措与实践成效

为解决部门间相互掣肘，社会主体参与程度低的问题，横琴新区创新社会治理模式，参照物业小区管理模式，把城市公共空间与公共资源整体作为一个"大物业"，将政府非核心管理工作委托给高水平的物业公司，基于大数据智慧管控，对整个城市进行专业化、精细化、智慧化的统筹整合，实现管理、服务、运营的高效统一，最终打造管理精细、服务到位、运营高效的"星级城市"。接下来，我们将就横琴新区政府构建"物业城市"的具体举措以及已取得的实践成效进行着重分析。

（一）"物业城市"具体实现框架

"物业城市"模式的建设是一次从"管理型政府"向"服务型政府"的大胆探索，为了支撑该模式发挥长效性作用，政府从源头上治理，并从多方面入手构建框架，力求高效推进"物业城市"模式的建设。

1. 横向上：管理＋服务＋运营

加大源头治理力度，充分利用现代科技和物业公司的人力资源优势，解决政府服务不到位的问题，为政府、企业、个人提供精细化服务；解决城市长期投入没有产出的问题，把城市的公共资源市场化运营，盈利部分进行反哺，不断提高社会治理水平。

2. 纵向上：物业公司＋大数据中心＋大综合执法

对政府非核心管理工作，依法委托物业公司，以服务方式化解社会矛盾，群众的问题用群众办法解决；广泛应用大数据、云计算等科技手段，让城市问题有效预判，有的放矢，精准解决；政府实行大综合执法，提供方向引导和执法保障。

（二）"物业城市"建设的具体实践举措

有横向、纵向上的框架作为支撑，横琴新区政府在此基础之上通过多条路径，全方位推进"物业城市"的建设工作。模式通过设定城市总服务运营商这一角色，突出城市总服务运营商在多元主体协同过程中的主导作用，使得各主体在城市治理过程中的关系理顺了。再配以智慧化的手段，能有效激发出相应角色的动力。

1. 标准精细化

高效的社会治理工作需要一套严格的、有可行性的标准作为约束条件。横琴新区政府对标国际高标准，在城市保洁、绿化、路灯、管网、隐患处理、综合巡查、秩序维护、矛盾化解、社区治安等领域，提供精细化的服务，按照项目、部件制定标准化的操作细则和考核规范。

2. 队伍专业化

在"物业城市"的管理层面上，需要组建一支具有专业化水平的队伍推动社会治理水平的不断提升。

方面，在政府的内部结构中，横琴新区管委会于2018年发布《关于调整优化局属各部门职能分工以及人员配置的通知》，通过调整政府当前的结构配置，在宏观管理上给予"物业城市"模式建立最大支持，下设创新办重点跟进落实物业城市，负责"物业城市"App平台更新优化、技术开发、功能扩展等工作。

另一方面，在政府服务的委托方选择上，横琴新区政府通过设定城市总服务运营商这一角色，力求实现服务的精细化与专业化。物业公司组建专业化团队，通过市场机制，吸引公共管理、物业服务、IT、法律等类别的人才队伍，形成推动"物业城市"更好更快发展的强大合力。

在这支组建起来的具有专业性的物业管理队伍之下，也对"物业城市"的服务实践层面做出了安排与要求，由物业公司代替执法人员走在一线服务，通过提高服务质量有效化解矛盾，用群众办法解决群众问题，利用大数据进行汇总分析，真正做到了有的放矢。"物业城市"模式带动全部 9 个自然村推行物业小区式管理模式，切实提高了城乡居民的安全感和幸福感。珠海市横琴新区公共秩序协会在横琴新区综合执法局指导下，积极发起、组织了数百场物业城市志愿活动，助力城市公益温暖。协会积极致力于构建政府、企业、市民之间的闭环，充分发挥桥梁与纽带作用，为横琴带来经济流量。

3. 平台智能化

除了打造高水平的服务队伍，政府也在不断推动创新技术与服务的结合，通过提升平台智能化水平，合理利用大数据分析当前管理过程中存在的难点，并利用数据提高资源分配效率。在"物业城市"的规划与实践中，政府利用物联网技术将城市公共空间进行系统化、网络化升级，实现公共资源的智能化识别、定位、跟踪、监控和管理；建立大数据指挥中心，构建社会治理信息化体系；推行"物业城市"App，疏通社会参与渠道，做到共建共治共享。

在"物业城市"模式构建的内部规划层面，采用"物业 + 大数据"的分析模式。系统平台通过大规模应用 AI、大数据、区块链、物联网等先进技术，建立了上报、咨询、办事、督办等 22 个子系统，且全部具有手机端、电脑端、后台端、展示端等贯通体系，搭建了互联网大数据平台。利用物联网技术，将城市中的树木、路灯、河渠、垃圾分类设置等进行智能化识别、定位、跟踪、监控和管理，做到一草一木都有身份证，将精细化落到实处。建立大数据指挥中心，将行政管理资源与物业公司的专业优势相融合，推动实现城市运行状态全方位、全过程、全覆盖掌握。

在"物业城市"模式构建的跨部门协调层面，打通"物业 + 数字化"的信息障碍。通过在平台搭建管理、办事、服务三大功能板块的方式，政府、企业、个人均可实现信息共用共享。政府层面，整合了综合执法、政法、司法行政、国土巡查、劳动监察等政务管理系统，便于政府进行大数据分析决策。企业层面，整合了物业公司环卫绿化、城市照明、水利监测、垃圾清运、电缆沟监测、物业设备房监测、地下管廊立体式监测 7 个管理业务系统，实现了具体业务的量化、可视化。市民层面，实现了咨询、上报、服务、办事、督办

"五个一键"功能，系统还对接养老、体育、门禁、旅游、共享汽车、智慧出行等服务大众的系统，使之成为老百姓触手可及的服务。

在"物业城市"模式构建的管理结构层面，实现"物业＋法治化"的多主体参与。在数据指挥平台上构建开放、动态、透明、便民的阳光工作机制，让全社会监督成为可能，加强廉政建设，化解社会矛盾，政府执法用权更加规范化、法治化，法治政府建设向纵深推进。该模式中政企分工合作是核心要素，政府、企业以及其他各类参与主体，按照职责分工做好各自的工作，尤其是大量事务性工作交由物业公司处理，让政府回归主业，做好监管和保障，提高依法行政水平。

4. 参与现代化

传统社会治理模式的弊端之一在于"大政府、小社会"的模式阻断社会主体参与治理的空间，而"物业城市"则坚持走群众路线，将志愿服务和有效激励相融合，通过系统对各种主体进行了合理的职责划分，让多种主体都能有渠道参与社会治理，从而实现从"一元管理"到"多元治理"的转变，实现从"管理"到"服务"的转变。构建起市民、志愿者、企业、社会治理领域专业公司和执法人员5 个层级，由外而内的社会治理"新生态圈"，推动实现"人民城市人民管"。

（三）"物业城市"建设的实践成效

"物业城市"采取线上线下相结合的方式，着力构建社会治理工作的闭环，形成了多元治理的"新生态圈"。该模式由横琴新区首创提出，实践了两年多，效果良好。

1. 聚焦为民服务，城市乱象得到有效治理

一是村居实现物业小区式管理。村居配备客服、保安等服务人员，实现 24 小时服务；整治"脏乱差"，引导各村开展垃圾分类，处理垃圾黑点 1992 处；智慧停车服务进村居，在改善停车秩序的同时，为村集体月增收数万元。

二是推进疏导点建设运营。先后建成银鑫花园创意集市、十字门

集中点、创意集市、物业集市，优化调整出 16 个商铺、48 个摊位和 200 个停车位，实现农贸市场级管理，成为周边居民和建设工人日常采购的首选场所，极大改善了市容市貌环境和社会治理秩序。

三是信息化统筹公共停车运营。开发运营横琴智慧停车系统，全面整合公共停车资源，统筹各类停车位 10079 余个，仅横琴口岸公共停车资源累计停放车辆就超 30 万车次，较好地解决了难停车、乱停车问题，交通秩序持续向好。

四是针对城市建设领域纠纷多发现状，通过橙子调解工作室的人民调解机制，协助开展法律咨询、法律援助、劳动巡查及监察等工作，成为"物业城市"首个专业服务于社会治理事前环节的创新项目。2020 年全年共计辅助人民调解案件 1886 宗，涉及金额 3 亿余元。

2. 多元治理"新生态圈"初现，共建共治共享社会治理新格局形成

通过线上线下相结合的方式，"物业城市"App 为一般市民、志愿者、普通商户、社会组织、城市服务商、政府、党委协同参与城市治理提供广阔舞台。

一是大横琴城资公司专业化水平快速提升。员工大专以上文凭率达 48%，专业人才覆盖环卫绿化、管廊运维、水体治理、垃圾分类、物业管理、IT、环保、法律调解、停车经营、文创等。信息化能力建设快速进步，带动环卫绿化、城市照明、水系统、物业管理、综合管廊、电缆沟、垃圾清运等领域业务实现信息化。市政作业车辆增长 200%，机械化覆盖率从 40% 提升到 85%。处理"物业城市"App 案件 38225 宗，占比 94.70%，充分发挥出城市"大管家"的作用。引进万科物业提升公司市场化水平，2019 年营收近 4 亿，同比增长 161%，国企"混改"成效显著。

二是通过"一键上报""志愿服务"等线上功能，实现多元主体的强链接。城市所有乱象均可用"随手拍"方式进行案件上报，所有市民均可抢单处理案件，做好事的市民均可获得公益积分，公益积分可在线上提现或兑换合作商家的指定商品，爱心企业捐助公益金，真正实现了闭环运作。目前在"城市日常问题上报处理""民生微实事""智慧停车管理服务""城市服务运营商供应链""社会组织服务体系"等工作领域均已实现闭环运作或运营，"新生态圈"运行健康有序，服务群众的"最后一公里"畅通无阻。

截至 2020 年 12 月 29 日，共有 1889361 名市民，1305 名志愿者、173 家企业用户注册使用"物业城市"App。线下举办 400 多场志愿活动，惠及市民群众近 20 万人次，构建起政府、物业公司、社会组织、志愿者、市民、普通商家共建共治共享的社会治理"新生态圈"。

三是政府执法部门从繁复的日常管理中抽身，更专注疑难案件办理。办案过程在"一键督办"中公开，接受市民监督，实现"阳光办案"，政、企、民关系持续改善，传统的社会治理官民矛盾基本解除。该模式实施以来，横琴新区暴力抗法事件零发生，人民调解率和信访矛盾调解率达到 100%，获得 2019 年度广东省政法工作和扫黑除恶斗争群众满意率双第一。

3. "物业城市"理论与实践成果丰硕，引领行业企业步入商业新形态

一是委托北京大学政府管理学院形成《物业城市理论与实践：横琴新区城市治理创新模式研究》报告，"物业城市"理论体系框架基本形成。2020 年 7 月 31 日正式发布《物业城市白皮书（2020年)》，认为"物业城市"创新性提出城市运营商模式，其体制机制、原型模式、考核指标和技术标准具有很强的可复制性、可推广性，为"物业城市"在全国范围内的推广提供了可供借鉴的样本。

二是成立"物业城市"战略研究中心。21 家相关行业的企业、单位和 15 位专家顾问深入挖掘"物业城市"的理论价值、社会价值和经济价值，携手输出横琴先进的社会治理创新经验。携手推进"物业城市"模式全面实施，打造建设"物业城市"总部经济中心，力争推动横琴在打造共建共治共享社会治理格局方面走在全国最前列。

三是"物业城市"模式在 37 城开花落地。经过两年多的摸索与

实践，"物业城市"模式已走出横琴，在雄安新区、广州、深圳、成都、武汉、青岛、厦门等 37 个城市全国多地成功推广复制。万科、碧桂园、龙湖、龙光、玉禾田、融创等行业头部企业纷纷加入"物业城市"模式的复制推广中来，渐成新的商业形态。

4. 扩大社会治理领域平台，引领现代企业进入

改革开放 40 年，现代企业为国家的经济建设作出了巨大贡献，也取得了巨大发展，管理和服务水平得到不断提高。但在社会治理领域，一直是党委政府负全责，现代企业很难进入，发挥作用有限。"物业城市"提出了城市总运营商的概念，即在党委政府领导下，把日常事务性和服务型工作交给现代企业，由市场化程度高、实力强、有品牌的民营企业进入社会治理，承担主力军职责，同时通过总运营商的专业分包，引进更多中小企业、社会组织进入，在给社会治理建立标准的同时，促进民营经济进入社会治理领域，让民营企业在提供优质公共服务的同时，得到发展壮大。

（四）"物业城市"实践突出案例：橙子调解工作室项目

橙子调解工作室是经横琴新区管委会综合执法局审批，由大横琴城资公司作为横琴新区城市空间整合服务平台公司，以"物业城市"管理 + 服务 + 运营的理念，依托"物业城市"试点，引进具备法律背景并由相关资质的专业性人才组成调解团队的创新项目。调解室主要承担化解横琴新区大部分的劳动人事争议纠纷、民商事纠纷等工作，使大量简单、明确的案件化解在前端。

1. 项目特色

（1）独立的组织机构。

独立的第三方民间调解组织使得调解员与当事人有平等的社会主体地位，创新的组织机构模式使得调解工作室在调解人民群众中的民商事矛盾时更能保持中立，更能贴近和说服人民群众并得到认可。

（2）调解员队伍专业素质高。

调解员队伍平均年龄在 35 岁以下，具有较强的创新意识，工作积极性高，且均具有法学背景及本科以上学历，专业素质高。

（3）调解工作与新型城市治理模型相结合。

工作室基于横琴新区的"物业城市"新试点而成立，依托城市治理的新模型，着力搭建高效高质的调解绿色通道，积极探索多元化纠纷矛盾化解机制，努力成为"物业城市"中保障社会稳定的重要一环。

（4）创新工作模式。

创新源头治理和分类分级治理的工作模板，定期在横琴新区建筑安全职业技能培训学校开展以"建筑施工领域合法维权"为主题的普法教育活动，帮助农民工增强法律意识，增强合法维权意识，从源头防治劳动用工纠纷矛盾。

目前工作室除了承接横琴新区法律服务中心的案件调解工作之外，亦有与横琴新区人民法院及横琴镇派出所开展合作，构建一个人民调解、公调结合、诉前联调相结合的一体化、多元化纠纷矛盾解决机制。同时，利用智能化调解新方式及司法确认的制度优势，运用线上云调解新模式，打通人民调解与司法、执法之间的通道，简化纠纷处理难度，提升纠纷处理速度。

2. 项目成效

（1）总体情况。

橙子调解工作室的成功运行搭建完成以"人民调解、诉前联调、公调结合"为核心的 ADR（非诉讼纠纷解决）多元化纠纷矛盾解决机制，也打通人民调解和司法确认之间的便捷通道，提升了案件处理效率。在项目运行的过程中，项目人员能力素质提升明显，2020 年有 3 人取得法律职业资格证书，目前共有 5 人持有该资格证书，并且在政府的考核中均为优秀，取得了良好的群众基础，共获得锦旗 16 面。该项目通过对全年的工作进行分析，对横琴新区整体的数据进行分析研判，从工作室自身的立场及专业能力出发，向政府输出地区整体的分析研究报告，为其施政决策提供参考方向，切实完成合同约定义务，并不断精进业务水平，助力横琴新区法律服务中心于 2020 年获得由国家司法部颁发的全国公共法律服务工作先进集体的荣誉称号。

（2）相关数据。

自 2020 年 9 月开始，基于政府的要求及安排，橙子调解工作室开始派调解员进驻横琴新区人民法院及横琴镇派出所开展调解业务，形成"人民调解、诉前联调、公调结合"的业务模式。2020 年，工作室每月案件分流率均已完成 60% 的合同业务指标。据相关数据显示，2020 年 7—12 月与 2019 年同期相比，案件量增长速度加快，最高月份同期上涨率高达 206.12%，最低月份同期上涨率也有 57.26%。

在 2020 年全年案件中，建筑行业涉案量占比超过 50%，劳资纠纷案件在全年案件类型中占比高达七成以上。在劳资纠纷案件中，涉及建筑施工领域的案件占比高达九成。

从涉案人数上看，除 2020 年 2 月份由于新冠疫情的影响导致来案较少之外，其余月份人数呈现出规律性的上涨趋势。在 2020 年的 8—9 月，由于开学影响，出现了一年之中的次峰值。随后有所下降，并于年底在工程结算、工人返乡等因素的影响下达到一年之中的最高峰值。

面对不断变化的社会背景与社会结构，橙子调解工作室始终以专业的态度解决服务群众的"最后一公里"问题。

三、"物业城市"建设创新经验成果

"物业城市"模式是政府不断总结经验，摆脱传统社会治理模式，创新城市治理方式后的成功案例。对城市治理模式进行创新经验的总结，既有助于完善现有模式，也有助于对外推广成功案例。

（一）重构主体结构

重构了城市治理的主体结构，创造了城市总服务运营商这一角色，重新打造多元治理的"新生态圈"。传统社会治理模式下"政府绝对主导"的方式既在解决方式的专业性问题上阻碍了政府服务质量的提高，也在参与主体上阻碍了其他多元社会主体在共同解决社会治理难题上进入渠道，而“物业城市”模式则重塑了公共服务提供者的角色。

一方面，政府将非核心的管理工作委托给更具有服务型管理经验与更具专业性的物业管理公司，使得服务的效率与质量都得到极大提升，政府将服务部分外包，而主要承担监督、执法的监管者角色。

另一方面，整合公共资源以物业小区的形式提供服务也意味着政府从传统的服务领域抽身，破除传统社会治理模式下“党委政府一元管理”的模式，给予社会参与治理更大的空间。物业公司人员代替政府工作人员进行一线服务，同时也组织起大量的志愿者参与治理工作，让群众解决群众问题，服务更加专业、精细且有针对性。解决服务老百姓的“最后一公里”问题，构建共建共治共享的社会治理格局。

（二）重塑主体间关系

针对城市治理工作“政府大、社会小”这一结构性难题，横琴积极重塑“政府、企业、社会”关系，在政府向社会放权方面大胆创新，利用“线上＋线下”的模式，着力改变政府部门既做裁判员又做运动员的局面，让权力回归本位，专心做好统筹、兜底保障。突出社会企业、社会组织作用，大横琴城资公司勇挑重担，澳门街坊总会横琴办事处、横琴公共秩序协会等社会组织鼎力相助，为横琴城市治理提供精细化、专业化、智慧化和社会化服务，让市民群众享受高质量、高效率的公共服务。突出保障群众知情权、参与权和监督权，以科技赋能为抓手，开发使用“物业城市”线上平台，拓宽群众主动参与的渠道。

（三）重建服务路径

目前，全国各地的智慧城市建设部分存在规划很好、投入很多、卡在中间、无法落地的尴尬局面，主要原因是其实现路径的问题。

智慧城市的普遍路径是自上而下的：地市政府顶层设计—投入巨资研发庞大系统—各部门因各种原因造成信息壁垒—无法真正落地—

形成半拉子工程—政府企业市民因无法使用而不满意。

物业城市和智慧城市的最终目的不冲突，但路径是自下而上的：企业市民政府需求—企业总运营商根据各类需求研发—各线条系统不断增多—信息数据打通—智慧城市初步形成。

这种自下而上的系统，从实际需求出发，不存在无法落地的情况，同时企业会进行严格的成本核算，节省很多财政资金。此外，由于全国智慧城市没有统一的模式，所以各地都在投入，但模式各异、数据不通，国家层面不能掌握全国数据，这将是未来社会治理的一个瓶颈问题。物业城市是一套相对成熟的模式和体系，其线上线下结合的模式，可以在城市间的复制，可以形成全国一套统一的大平台，不用重复建设，同时实现对全国社会治理数据的掌握。

四、"物业城市"社会治理模式发展方向

（一）总结经验助力模式全国推广

"物业城市"首创于基层、民间，虽然得到各行各界越来越多的认同和关注，但影响有限。建议高层重视，中央政法委、住建部等部门开展深入调研，如其成熟并适合推广，可将其作为新时代中国社会治理工作可落地、可复制的解决方案，总结该模式的实践与创新经验在全国试点并复制推广。

（二）统筹资源建设全国平台

在当前社会治理的背景下，社会治理缺乏全国统一的平台，使得在管理上、信息交流上、未来发展路径上，许多基层地方政府都表现出些许的疲乏。而本模式以打造全国社会治理智慧平台为目标，以"物业城市"平台为基础，对接智慧城市系统，实现上下结合，建设全国社会治理领域的大数据智慧平台，真正实现治理能力的现代化。

案例 16
建设信息化"智慧大应急",提升应急管理能力

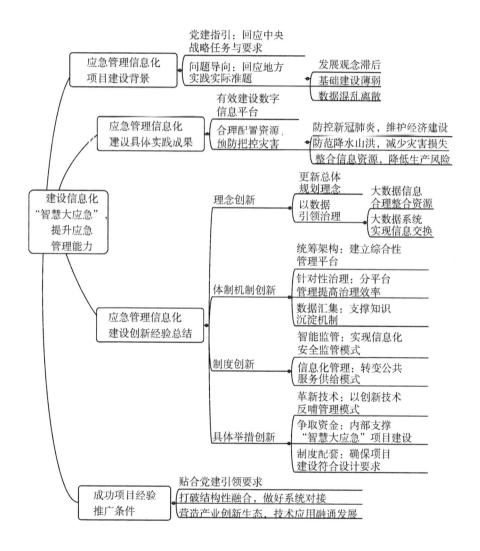

一、应急管理信息化项目建设背景

党的十八大以来，以习近平同志为核心的党中央对应急管理作出了战略部署，防灾减灾救灾、安全生产等工作都得到了从中央到地方的重视。自应急管理部成立后，全国各级应急管理部门的信息化建设被提上日程。在着重了解应急部门"信息化项目"建设的具体内容之前，需要对建设"智慧大应急"的时代环境与政策背景有一个基本了解，了解该项目建设回应了中央的哪项任务，又旨在解决地方的哪些实际痛点问题。

（一）党建引领：回应中央战略任务与要求

2019 年以来，广东省应急管理厅结合改革后职能任务整合需要，认真贯彻落实习近平总书记关于安全生产和防灾减灾救灾工作重要指示，严格按照应急管理部战略发展规划和地方建设任务书要求，以"智慧大应急"信息化建设推进应急管理能力现代化，以应急管理现代化推进社会治理现代化。

为了严格执行党中央决策部署，在组织建设上，全省深入贯彻落实《应急管理部关于加快编制地方应急管理信息化发展规划的通知》《关于做好省直各单位政务信息化规划（2019—2021 年）编制工作的通知》等文件要求，组织编写了《广东省应急管理信息化发展规划（2019—2022 年）》，指导全省各级应急管理部门有序开展应急管理信息化建设。

在技术支持上，全省落实应急管理部《应急管理信息化 2019 年第一批地方建设任务书》的建设任务要求，根据《广东"数字政府"改革建设方案》和《广东省应急管理信息化发展规划（2019—2022年）》的愿景目标与实施步骤，结合广东省应急管理信息化现状、业务需求和省"数字政府"平台能力，开展"智慧大应急"项目建设，以应急管理信息化推动应急管理能力现代化。

在具体项目上，广东省应急管理厅认真贯彻落实《中共中央 国务院关于推进安全生产领域改革发展的意见》中关于"构建国家、省、市、县四级重大危险源信息管理体系，对重点行业、重点区域、重点企业实行风险预警控制"的工作要求和《国务院安委会办公室 应急管理部关于加快推进危险化学品安全生产风险监测预警系统建设的指导意见》的具体任务部署，并把加快推进广东省危险化学品安全生产风险监测预警系统（以下简称"监测预警系统"）建设作为当前头等任务来抓，调动一切力量，统筹一切资源，按照"突出重点、试点突破、联合攻关、有序推进"的工作思路，全力加快系统建设。

（二）问题导向：回应地方实践实际难题

1. 发展观念滞后

推进全省"智慧大应急"建设，解决了广东省应急管理信息化发展观念滞后的问题。2019 年年初，广东省各级应急管理部门仅仅完成了职能的转隶和整合，发展观念滞后，大部分地市的应急管理部门，对于在新的组织架构、新的业务形态、新的管理模式下，如何加强科技信息化和应急管理工作的融合，还没有清晰的规划、蓝图和思路。

2. 基础建设薄弱

"智慧大应急"项目建设之前，全省应急通信网络基础设施尚未完成搭建，应急通信保障能力存在较大的短板；应急指挥视频会商能力不强，前端（现场）网络标准不一、后端传输（政务外网）带宽过窄、现场图传效率低；感知网络覆盖及接入不够全面，大量的风险隐患点、重点部位都没能实现实时监控和状态采集。

3. 数据混乱离散

"智慧大应急"项目建设之前，广东省各级应急管理部门的数据基础还十分薄弱，生产数据质量不高、沉淀较少；外单位数据临时使用、缺少提取；数据离散，无法形成一张汇聚各种风险点、危险源、受灾人口、救援力量、避难场所、救援通道、应急物资等空间地理信息的风险地图。由于缺乏统一的监管与信息平台，政府没有办法准确预防及把控企业的生产风险。尤其是危险化学品生产方面，广东省的危险化学品生产、经营企业分布广且不均匀，这为企业信息收集带来很大难度。各省、市根据各自需求建立不同的系统，这些系统之间没有统一标准、统一接口，各自为政，因此数据难以打通。由于掌握信息不足，政府监管部门不能及时获取企业安全生产的真实数据，无法及时全面了解和掌握危险化学品企业安全生产风险状况，缺少专业数据采集对策与分析技术，影响监管效果。

二、应急管理信息化建设具体实践成果

经过合理明晰的规划和建设，广东省的应急管理信息化建设已经逐渐成形，在一些实际的项目中也展现出极强的应急效果，极大地减小了风险带来的灾害。在总体上，通过建设综合性信息平台有效整合信息，从而合理地配置资源，为灾害预防做好规范。

（一）有效建设数字信息平台

面对机构改革后应急任务繁重的实际情况和疫情防控、安全生产、自然灾害"三叠加、三碰头"的重大挑战，广东省应急管理厅依托"数字政府"，搭建广东省应急指挥系统，为新冠疫情防控、安全生产、自然灾害应急管理决策提供坚强的信息化保障，取得了良好成效。

（二）合理配置资源，预防把控灾害

1. 防控新冠疫情，维护经济建设

针对疫情灾害，广东省应急管理厅依托"互联网＋监管"应急管理综合应用平台、信息化网络、人口热力图和"一键通"系统及部门间的数据共享，对每日入粤人流、车流、物流、电力、市际流动、市内交通、重点场所等 15 个方面的数据信息进行分析并每日形成新冠疫情防控与社会经济发展安全形势研判及应对情况报告，为新冠疫情防控与经济发展安全提供研判决策支持。

2. 防范降水山洪，减少灾害损失

2020 年"龙舟水"期间，省应急管理厅充分发挥新研发建设自然灾害应急指挥系统的作用。通过短临预警，提前 1 小时以上通知雨量大、可能发生险情的村镇及时撤离，全省共转移安置 5.81 万人。特别是 6 月 8 日深夜至 9 日凌晨，清远市清城区源潭镇迎咀村，突发特大型泥石流地质灾害。省应急管理厅及时向该镇发出了短临预警，省应急指挥中心多次视频连线该镇督导，镇村干部坚决果断彻底转移 55 名群众，成功避免了一起群死群伤的灾难发生。这次暴雨洪涝灾害与 2019 年"5·6"特大暴雨洪涝灾害相似，但因灾死亡人数减少了 92.3%，灾害损失降低了 78.8%。

3. 整合信息资源，降低生产风险

广东省测预警系统（一期）建设已基本完成，省相关部门借助该系统针对企业危险化学品生产等突出风险，采集了全省危险化学品企业基础信息，掌握了危化企业底数；并接入 150 家重大危险源企业温度、压力、液位、可燃（有毒）气体报警等物联网感知数据、视频监控和 3D 建模，建立风险预警风险数据模型，实现了实时监测、实时监控、自动预警、可视化管理及对重大危险源企业值班值守点名和视频连线、可视化调度指挥。同时，省监测预警系统数据已同步上传至部级系统，完成了应急管理部试点任务，并提前实现了 3D 建模、事故影响分析等功能，得到了省委、省政府和应急管理部领导的充分肯定。

三、应急管理信息化建设创新经验总结

在进行应急管理信息化建设的过程中，广东省政府不断总结经验，推成创新，从理念、体制机制、制度以及具体措施上都进行了创新，更新观念，实现了利用新技术以数据与信息高效进行应急管理。

（一）理念创新

1. 更新总体规划理念

广东省应急管理厅高起点编制了《广东省应急管理信息化发展规划（2019—2022 年）》，提出"16963"的整体框架，即"一个愿景蓝图、六大核心理念、九大智慧应用、六大赋能工程、三步走实施路径"，创新谋划具有广东特色的应急管理信息化总体建设框架，指导各地市制定规划实施方案，形成广东"智慧大应急"信息化项目建设的总思路，为广东省 2019—2022 年应急管理信息化工作指明了方向。①

建立信息化"智慧大应急"系统管理方式是在理念上紧密跟随中央，省政府严密部署的战略性成果。《广东省应急管理信息化发展规划（2019—2022 年）》，紧紧围绕新时代下广东省应急管理工作的特点和需求，以"整体、实战、共享、智能、可靠、联创"为规划理念。

整体：打造一体化、整体化的应急管理信息化应用体系，形成全省一盘棋的应用格局。

实战：一切为了实战、一切围绕实战、一切服务实战，把提高应急战斗力作为检验工作成效最根本的标准。

共享：依托"数字政府"数据共享交换体系，拉通各单位数据。

智能：借助大数据、人工智能等新一代信息技术，提升业务应用智能化水平。

可靠：开展通信网工程建设，为应急救援指挥提供高效、可靠、稳定的通信保障。

联创：联合企业、科研机构共同参与研究和创新，营造共建共治共创共享的应急管理信息化新生态。

---

① 广东省应急管理厅：《2019 年广东省应急管理信息化工作"十大亮点"》，见广东省应急管理厅网（http://yjgl. gd. gov. cn/xw/yw/content/post_2878475. html），2021 – 08 – 31。

2. 以数据引领治理

（1）大数据信息合理整合资源。

以大数据作为政府治理的基础，需要对当前的数据信息进行整合和管理。

一是完成"两网"贯通。省应急管理厅联合省政务服务数据管理局统筹规划全省指挥信息网建设，制定"两网"贯通攻坚任务工作方案，组织开展"两网"贯通攻坚行动。2019 年 12 月 11 日，广东省提前完成应急管理部下达的电子政务外网和指挥信息网部、省、市、县四级"两网贯通"攻坚任务。

二是开展系统整合和数据治理。基于广东省"数字政府"的框架和云网资源，利用省政务大数据中心平台，汇聚、关联、融合各类数据资源，实现内部、外部应急数据资源的汇聚、治理，形成统一的数据支撑。整合接入水利、气象、林业、公安、交通、电力等 20 个部门单位的 52 个应急管理相关的系统和数据资源，形成灾害事故、管理对象、救援资源等主题库和救援指挥、危化品监测等专题库。横向联通公安、水利、气象、消防、地震、交通等部门单位实现视频会商，纵向实现省、市、县、镇四级视频会商。

（2）大数据系统实现信息交换。

在面对如危险化学生产品等危害严重且难以把控的生产风险对象时，需要革新观念，以大数据信息引导治理流程，提前做好预防。

根据《国务院办公厅关于印发危险化学品安全综合治理方案的通知》，定制开发了"广东省危险化学品企业基础信息管理模块"，全省各安委会成员单位，督促涉及危险化学品企业通过基础信息模块完成填报，重点摸排危险化学品生产、储存、经营、运输和废弃环节等各环节、各领域的安全风险。建立危险化学品安全风险分布档案。指导督促各地积极核实涉及一、二级重大危险源的生产、经营、使用企业信息，对于过期的企业予以注销，漏缺的企业进行补充登记，进一步核准了登记数据，夯实了企业数据信息，为风险监测预警工作的开展提供了基础保障。

（二）体制机制创新

1. 统筹架构：建立综合性管理平台

一是急用先行，高标准建设应急指挥中心。解决职能整合后指挥体系信息化支撑不足的问题，建设内容包括基础支撑环境服务、大屏显示系统、会议扩声系统、中央控制系统、应急融合会商系统及设备间改造等，对接 17 个应急管理相关单位业务系统，提高省应急管理厅处置突发事件的能力。

二是构建应急管理综合应用平台。基于应急管理部、广东"数字政府"技术架构和公共服务支撑能力，规范应用系统技术体系架构，综合集成和横向打通各类应用，提供面向各级应急管理部门的"一站式"访问入口，统筹信息化建设技术标准，实现信息共享和功能复用。

三是打造"全域感知"智慧应急系统平台。积极打造"全域感知"智慧应急系统平台，对安全生产、自然灾害、城市安全、现场救援等各领域进行全面信息采集，实现空、天、地全域感知。

2. 针对性治理：分平台管理提高治理效率

一是研发自然灾害应急指挥系统。组织研发自然灾害应急指挥系统，初步解决了融合指挥难题。整合 20 个部门感知数据，汇集、分析并上图展示；提升各级部门的应急工作协同能力；"一键通"覆盖"省、市、县、镇、村、村民小组"六级 100 多万三防责任人，将应急移动终端的音视频接入并回传至指挥中心，打通应急管理"最后一公里"；值班值守模块，实现事前分析研判、监测预警，事中信息通畅、指挥调度，灾情统计、救灾复产等功能，有效应对各类自然灾害和安全生产事故防御处置工作；短临预警模块，提前 1 小时将雨量超过 50 毫米的预警信息通知到镇村，有效提升基层强降雨防御处置工作。

二是建设监测预警系统。一期项目建设完成 121 家重大危险企业重点部位监测监控数据接入和 3D 建模，完成 1307 家危化品生产企业和 31 家化工园区的基础数据采集，形成"一园一档、一企一档"，构建危化品企业风险预警分析模型，实现实时监测监控和可视化管理；及时向基层监管部门和企业推送预警信息，实现对危化品企业生产安全风险动态监控预警。

三是升级安全生产执法监督系统。对接国家、省"互联网＋监管"系统，升级优化省安全生产执法监管系统，建设执法计划、执法检查、案件管理、执法统计和移动执法等应用模块。利用公共支撑"电子印章"服务，实现行政执法在线办理，强化行政执法效能和"互联网＋监管"能力。编织安全生产执法全省一张网，促进严格规范公正文明执法。

四是建设非煤矿山尾矿库"天眼地眼"系统。利用遥感技术、三维激光扫描技术等建立全省非煤矿山尾矿库大数据信息库，编制全省尾矿库"一张图"，接入 61 家尾矿库企业的运行信息以及 18 家在用尾矿库在线监测信息，为省内各级应急部门提供区域性尾矿库风险评估和灾害预警决策支持，有效提高尾矿库灾害防控能力，实现对增高扩容库、"头顶库"的全生命周期风险评估与隐患诊断。

五是建设天地一体的应急融合通信系统。针对极端条件下公网断电、火区通信中断等情况，联合华为等省内高科技企业，全面整合先进信息平台，深度融合各类传输方式，研发背负式便携通信以及 LTE 无人机升空通信系统，实现了"省、市、县、镇、村"五级即时连通零距离、场景即时传播零时差、指令即时下达零延误，彻底解决了极端条件下应急通信保障问题，提升应急救援现场通信保障能力。

3. 数据汇集：支撑知识沉淀机制

针对危化品这类生产风险突出典型，需要创新机制来支持风险防范与把控。危化品企业地理分散，监管层级多，信息融合难度大。传统的工业现场实时监控各单元处于独立的工作状态，缺少有效的信息提取和信息融合机制，全局信息表现能力差，无法满足复杂环境中风险识别的需求。系统运用物联感知技术，实现数据的自动化采集和传输。通过建立《危险化学品安全生产风险监测预警系统数据接入规范》实现数据汇聚的规范化，系统通过数据交换和数据治理平台实现各级危险化学品安全生产风险监测预警数据的汇聚、融合和应用。

危化品涉及知识领域广、知识分散、知识固化难。行业机理模型是工业技术、经验、知识和最佳实践的模型化、代码化、软件化，并封装为可被调用的模块，是工业互联网平台技术能力的集中体现。但在危险化学品监管和服务过程中形成的经验与知识没有得到有效的梳理、固化和管理，同时也缺乏相关的技术支撑与工具，工业原理、工艺流程、建模方法等积累不足，算法库、模型库、知识库等行业机理模型缺失，从而造成危险化学品相关知识的损失与流失。系统通过机理模型的固化和大数据人工智能模型的训练，实现了全省各级危险化学品安全生产监管的知识沉淀。

（三）制度创新

1. 智能监管：实现信息化安全监管模式

2019 年 11 月 1 日，省应急管理厅制定印发《广东省危险化学品安全生产风险监测预警系统运行机制（试行）》，部署监测预警系统开始上线测试运行，有效发挥了监测预警系统的功效。监测预警系统将风险预警分为红、橙、黄、蓝四级，分别对应重大、较大、一般和低风险；同时自动生成风险态势变化，向省、市、县（园区）、企业进行自动预警。

红色预警同时向省、市、县（园区）、企业 4 个层级即时推送，省以下各级通过监测预警平台重点关注，如 30 分钟未处置降级，省级向市级发出警示通报，由市级组织（现场）核查。橙色预警同时向市、县（园区）、企业 3 个层级即时推送，市以下各级通过监测预警平台重点关注，如 1 小时未处置，市级向县级（园区）发出警示通报。黄色预警同时向县（园区）、企业 2 个层级即时推送，每天推送一次，县级（园区）通过监测预警平台重点关注，并向企业调度核查。蓝色预警作为低风险由企业处置。

信息化安全监管模式能够更有效地防范危险化学品生产风险，将工业互联网与危险化学品安全监管深度融合，通过工业互联网＋危险化学品安全监管，将大数据、人工智能、云计算、物联网与石油化工行业危险化学品安全监管深度融合，可以实现不间断地完成石油化工行业危险化学品的重大危险源申报和等级辨识与分级、实时监测、风险动态预警分析、隐患排查治理、态势综合研判、应急综合调度、在线巡查、闭环管理，借助专业机理模型和微服务，对各种类型的事故和未遂事件的致因进行深度分析，进而控制人的不安全行为和物的不安全状态，以"互联网＋"思维和手段来破解安全生产监管中的信息不对称问题。通过提高监管透明度，提高企业履行主体责任透明度，使安全监管部门实时有效地监管企业的动态信息，解决了传统监管模式的不专业、不连续、不全面等不足，全面提升安全监管部门安全监管的有效性、针对性、科学性、专业性。随着监测预警系统建设深度、使用广度的推进，生产过程监控视频和安全生产数据接入监管平台，互联网手段与安全监管有机结合，危险化学品监管逐步向"互联网＋监管"模式转变，监管模式从现场检查向在线动态监测管控转变。

2. 信息化管理：转变公共服务供给模式

省应急管理厅遵循"数字政府"改革建设要求，通过制定《广东省应急管理信息化项目管理办法》，由政府投资建设向购买服务转变，初步形成"业务引领、科信统筹、建用一体、建采分离"的信息化项目管理制度，充分发挥业务处室在需求提出、项目跟进和系统应用中的重要作用，突出科信部门技术统筹、项目管理和制度建设的关键功能，分工负责，推动广东省应急管理厅信息化项目立项、建设、应用、管理规范化，促进应急管理信息化高效、有序、协同发展。

省应急管理厅通过制定《广东省应急管理厅应急通信保障队伍管理制度》，以购买服务的形式，建立应急指挥中心运维保障队伍。通过制定《应急通信保障队伍管理制度》，建立完善的通信保障服务机制，规范应急通信保障服务商工程技术人员的应急通信服务保障工作，形成制度化、流程化、规范化的应急通信服务保障体系，确保在任何情况下可调度通信保障队伍和设备，保障应急救援工作高效开展。

（四）具体举措创新

1. 革新技术：以创新技术反哺管理模式

"智慧大应急"的建设过程需要积极推进虚拟现实（VR）三维实时建模图传技术在应急救援过程中的创新应用。充分利用无人机机动性强、视角广、功能全的突出优势，对受灾区域进行无死角空中巡查。综合运用 VR、增强现实（AR）、空间三维技术，对受灾现场环境进行三维重建、场景模拟仿真，精准测量灾区范围，真实还原灾情现场，在极端环境下通过应急通信系统，将灾情环境画面实时回传指挥中心。

针对危险化学品等典型案例，省政府也采取了创新技术支撑危险防控工作。根据《国务院安委会办公室 应急管理部关于加快推进危险化学品安全生产风险监测预警系统建设的指导意见》的建设要求，编制了《危险化学品重大危险源储存单元（储罐区和库区）感知数据接入规范》，保障了风险监测预警系统推广建设能够有规可依。接入规范中围绕储罐区的常压储罐、低压储罐、压力储罐等重大危险源储存罐区，明确了罐内介质的温度、压力、液位、可燃气体浓度及有毒气体浓度的接入内容、报警阈值和接入频率，并对储罐区、库区及企业监控值守中心的监控视频的接入内容、存储方式、接入频率和接入要求进行了明确，同时将工业机理模型和大数据人工智能模型相结合，支撑监测预警系统应用。

2. 争取资金：内部支撑"智慧大应急"项目建设

根据应急管理工作实际，省政务服务数据管理局、省财政厅审批，按照发展规划指引，先后开展省应急管理厅应急指挥系统、"智慧大应急"（2019 年）、危险化学品安全生产风险监测预警系统（一期）、非煤矿山尾矿库"天眼地眼"安全风险预警预测系统、智慧森林火灾防治监测预警系统、应急管理视频会商系统等项目建设，有序推进广东省应急管理信息化项目落地。

3. 制度配套：确保项目建设符合设计要求

为保障风险监测预警系统有效运行，省应急管理厅制定了《广东省危险化学品安全生产风险监测预警系统运行机制（试行）》，明确企业是危险化学品安全生产风险防控主体，属地应急管理部门依法履行监督管理职责的总体原则。规定企业应落实安全生产主体责任，负责预警信息的及时核实、消警处置，及时向应急管理部门反馈处置情况；按要求录入企业基础信息、重大危险源信息和安全生产风险承诺公告等。规定属地应急管理部门根据不同预警风险等级，采取"线上抽查、线下执法"等措施，督促相关企业及时处置、消除风险预警影响因素。全面加强危险化学品企业动态监督管理，有效防范危险化学品事故发生。

四、成功项目经验推广条件

广东省信息化"智慧大应急"项目的成功案例可总结相关的、典型的、可推广的因素，为其他省市的应急管理改革提供经验。

（一）贴合党建引领要求

在进行优秀经验推广的过程中，需要紧密联系党建指引要求。以危险化工品为典型代表，应根据《国务院安委会办公室 应急管理部关于加快推进危险化学品安全生产风险监测预警系统建设的指导意见》的相关要求，依托应急管理厅建设危险化学品安全生产风险监测预警平台，实现重大危险源在线监测数据全采集，做到企业重大危险源关键参数的物联感知、重大危险源状态的动态研判、重大安全生产风险预警及精准监管，推动各级政府领导责任、部门监管责任和企业主体责任落实到位。根据该规定进行平台、系统相关的推广工作。

（二）打破结构性壁垒，做好系统对接

针对应急管理信息化建设内容多、专业性强、涉及面广的特点，按照急用先行的原则，按需推进系统建设。各单位要加强沟通协调，扎实推进，既要保证纵向上省、市、县三级系统互联互通，又要保证横向上民政、自然资源、水利、气象、地震等厅局之间数据的共享。

做好系统对接，按照应急管理信息化建设的总体要求，结合自身特点，分级分步推进。加强业务系统集成与信息资源整合深度，提高业务应用覆盖，特别是监测预警、应急指挥等核心业务领域的数字化、智能化能力建设。

（三）营造产业创新生态，技术应用融通发展

协同合作单位建设联合创新中心，打造产业生态，推动规模发展。学习和借鉴先进经验，高质量建设运营管理体系。持续技术创新，充分发挥信息化工作小组专业能力和主观能动性。积极调研梳理应急管理业务，研发数据分析模型，实现数据智能创新，支撑推动应急管理业务的数字化变革。

充分发挥广深"双核"优势，深化省内城市间分工合作，依托激励政策聚焦高质量科技创新主体，构建区域创新体系，增强开放合作协同创新能力。加快数字基础设施核心技术和应用技术协同攻关，加大5G、云计算、大数据、人工智能等技术研发支持力度，推动创新链、产业链、资金链、政策链的精准对接。

建设联合共建科技成果转化平台，聚合应急管理事业的相关政府单位、企业、高校及社会机构，共同打造安全与应急产业的信息交流和科研创新平台，提高科技创新能力、科技成果转化能力，加强创新队伍建设，走联合共建之路，突出特色和优势，构建科技创新体系，建设共建共用的应急管理新格局。

案例 17
打造"智慧物流"，
贯通乡村物流"最后一公里"

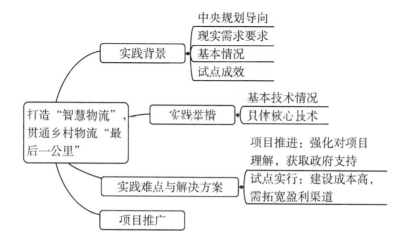

一、实践背景

智慧物流运输快线（以下简称"智运快线"）是广东民营科创企业中保斯通集团全球首创的新型轻量化物流运输方式，中保斯通拥有智运快线的完全知识产权。智运快线对改善我国乡村物流环境、促进乡村经济发展具有良好的针对性，具备发展成为新时期国家乡村公共物流基础设施和"一带一路"新型基础设施的潜力。

（一）中央规划导向

2014 年，国家智运快线项目开始启动，项目的投资研发走上正轨。2017 年，全球首条智运快线试验线建成，说明该项目取得了一定的实践成果，同时也验证了该项目的现实可行性。2018 年 5 月，中保斯通与大型央企中国交建签订全产业链战略合作协议，双方致力于将智运快线建设成服务国家乡村振兴战略的广域基础设施，以多主体合作的方式探索智能运输线路的搭建。2018 年 10 月，广东省化州市政府与中国交建签订合作框架协议，共同推动首个智运快线试点城市建设，智运快线开始于现实使用。2019 年 2 月，智运快线试点城市写入化州市政府工作报告，列入市重点项目。2019 年 8 月，在中国交建装备制造海洋重工事业部的组织领导下，中交四航院、中交郴筑与中保斯通签订合作框架工作协议，三方同意就智运快线项目推广和建设共同组建合资公司。2019 年 12 月，中交四航院向中交集团总部提交了《关于中交集团推动智运快线技术应用推广与产业化的报告》，认为智运快线技术成果基本成熟，已进入到推广应用阶段，中交集团已将智运快线项目列入新的重点发展计划。

从智运快线项目的一系列规划与实施过程中可以看出国家对于该项目运行的重视。

（二）现实需求要求

随着交通技术的逐渐进步，县城乡村等地的交通线路开始得到完善，然而，许多乡村地区仍存在着运输困难的情况，为了减少运输成本，同步提高运输效率，贯通乡村物流"最后一公里"，国家智运快线项目于 2014 年提出并逐步实行。

当前，我国农村物流网络节点不健全、布局不合理、资源不集约、功能不完善，导致农村物流效率低下、运行成本较高（以快递为例，成本是城市的 5 倍以上），已成为制约我国农业农村现代化建设的薄弱环节。我国高快速运输网络系统已经基本覆盖到县。"县县通高速"之后，如何实现"县—镇—村"的快捷物流连接，降低物流成本，形成"消费品下乡，农产品进城"的便捷通道，是促进我国广大乡村地区经济发展的关键。

智运快线在机器人技术的基础上，以县域乡村为应用场景，在整个县域乡村低空架设一张链接"县—镇—村"的自动化运输网络系统。智运快线技术以实现乡村物流运输的无人化、绿色化和智能化为目标，具有投资省、建设快、占用资源少等综合优势，以及"随时发、准时到、速度快、成本低"等特点，是对我国现行公路、铁路、水路、空运、管道运输系统的重要补充。智运快线对我国广大乡村地区（尤其是山区农村）的发展有很好的适应性，能够极大地改善我国乡村地区的物流发展环境，具备进一步发展为国家乡村振兴战略重要基础设施载体的功能与技术条件。

（三）基本情况

智运快线技术是指在低空架设索道，云端系统控制穿梭机在索道上运输货物的新型智能化、轻量化、无人化运输系统。其主要特点是投资省、建设快、占用资源少，营运上"随时发、准时到、速度快、成本低"，是我国现行传统物流运输方式的新型补充。智运快线运送100公斤的货物，行驶100公里，直接成本仅3～5元，综合运输成本比传统物流下降50%以上。乡村智运快线建设以县为单位，构建"县—镇—村"三级网络，实现1小时到货目标。线路建设成本约50万元/公里（双向两通道），一个普通县（市）实现智运快线"村村通"（行政村），只需投资约5亿～10亿元，即修建不到10公里高速公路的钱，就可以实现县域全覆盖。

（四）试点成效

智运快线试验线位于茂名化州市新安镇，含一条双向8公里的低空索道线路，一个镇级基站、一个村级收发点。2019年11月开始对外运营，并开展了快递接驳、本地配送、乡村新零售、产业扶贫、疫情保障等服务。

快递接驳服务为2个行政村34个自然村8600多名村民节省了大量的时间和金钱，2021年前8个月共运送快递37179件，日均153件，同比增长168.38%，拉动效应特别显著，已得到了中国邮政、中通、圆通、顺丰等物流企业的高度关注，其中，中通快递集团与中保斯通集团于2020年4月达成了项目运营合作协议。

本地配送服务则为镇上的商家扩大了数倍的销量，2021 年前 8 个月共配送 13550 单。此外还为果农运送上行的水果，2021 年前 8 个月共运送 25130 公斤，光是番石榴每个月就帮助果农外运了数百箱，果农的销量翻了一番。

通过智运快线结合"自来物商城"小程序开展乡村新零售，为智运快线周边村民提供了价廉物美的日常消费品及餐饮服务，2020 年前 8 个月总销售额约 30 万元。

产业扶贫项目由农户负责种植，中保斯通负责蔬菜的收购、运输、加工和销售，打造精准扶贫新模式，真正实现产业扶贫、农民脱贫。2021 年前 8 个月共种植销售蔬菜 16550 公斤，销售额 99300 元。

智运快线充分体现了无人化运输、无接触配送的独特优势，地方百姓交口称赞，《人民日报》《南方日报》《中国科技报》等权威媒体进行了广泛报道。

通过试运营，智运快线革命性解决乡村物流"最后一公里"问题的价值和意义已初步显现。

二、实践举措

（一）基本技术情况

为保障智运快线的顺利运行，中保斯通集团提供了强有力的技术支持，利用"自主创新 + 拥有核心专利"的形式提供了一套完整的解决方案。

为了保障该项目的技术要求，中保斯通集团的相关科研人员创造了新的系统。开发出微型的高铁网，自己的车辆、线路、基站和管理系统，用无人化的方式系统解决"最后一公里"的问题。项目中除了螺丝钉等标准件，内部机械、控制系统、代码等都是自己设计，拥有专利。电池管理系统等需要根据系统的要求研发的均为自己制作，没有与其他公司合作。整个技术自主研发，可以完整地完成。茂名试验完全成功，已经正式运营。实践中所使用的相关发明专利于 2014

年由中保斯通集团创始人提出构想，2016 年开始公司化运作。2019 年一力等公司投资后，于 2019 年 5 月成立新公司，将专利打包到新公司后，开始规范化运营。

（二）具体核心技术

在核心专利技术的支持下，中保斯通集团主要通过以下 5 项基本技术保障"智能快线"的实际运作。

1. 智能穿梭机器人

应用了人工智能技术的智运快线穿梭机器人在悬挂的钢索上自动驾驶，动力系统采用锂电池。穿梭机器人由驱动装置、"C"字形吊臂、控制箱等组件构成。每台设计载重量为 100kg，目前运行时速约 30km/h，最高时速 60km/h，最大爬坡坡度 15°。

2. 智运快线控制系统

通过构建云端系统控制整个智运快线网络穿梭机器人的运作，以云计算处理各级终端返回的大数据，从而自动得出穿梭机器人运行的最优路线。

3. 索道线路及自动化基站

智运快线的索道线路、支架设计都是全新的专利系统，基站的自动化仓储系统与中央控制系统配合，可实现智能化的收发货功能。

4. 智运快线系统规划设计方法体系

智运快线系统的运行模式和运用场景，线路网规划设计的原则与架构模式，影响线路网布局的关键性因素及影响因素评价指标体系等，均由全国智运快线系统工程规划建设提供指导。

5. 智运快线集成智能化信息的综合应用平台

以智运快线网络为基础建立的智能化信息综合应用平台，搭载各类环境监测、监控设施，形成智慧信息数据集成共享数据库，与相关部门建立通信联系，为用户提供实时信息资源，提高社会综合服务的信息化、智能化、高效化管理水平。

三、实践难点与解决方案

（一）项目推进：强化项目理解，获取政府支持

1. 困难：缺乏了解认可

作为创新项目，智运快线在开始推动时遇到的最大的困难是国家不了解、没有纳入目录。目前广域网有公路、铁路、航空、水运、管道等5种运输方式，如智运快线能被纳入现代农村物流基础设施，项目的开展将更为顺利。

在2016年开始建设的茂名试点项目时，中保斯通集团创始人认识到事情不能仅仅"从下往上做"。2015年，创始人研究北京各部委所有相关的部级以上的干部负责的领域，赴北京投出几千封信，提出需要部委提供什么样的支持，获得时任中央政治局委员胡春华等人的回复批示。批示令其认识到领导层面对于用无人化的方式解决物流问题是认可的，在与地方领导沟通中，中央的批示也起到了很大的作用。此外，茂名市的领导对于创新也很支持，在传统基建项目需要审批和大众对此项目仍不了解的情况下，书记市长等领导召开部门专题会，推动在茂名的试点。广东省委常委参观后也认可，并将其联系点放在运行智运快线的村。

2. 解决方案

针对国家以及地方相关部门领导尚不了解、不理解智运快线创新项目的具体情况，中保斯通集团采取了"三步"解决方案。

首先，强化对该项目具体情况的宣传，主动进行宣传，增强不同层级部门对项目的了解。

其次，在项目的具体实施上，集团内部做好自己分内之事，优化项目的整体实践，将产品做成熟，适应不同地区的实际情况。

最后，在项目的实际运作上，集团方面打造好成功的试点，以成功的典型案例作为范本，为国家决策提供参考。

（二）试点实行：建设成本高，需拓宽盈利渠道

1. 困难：支出成本较高

在项目的试点实践过程中，6 年总投入超过 1 亿。中保斯通集团边试验边研发，费用完全由集团承担，其中包括直接成本：100 公斤的货物运输 100 公里消耗 3 元多的电费；综合成本：基站的运营人员，线路建设后的维护；研发成本与建设成本。由于试点项目的研发与后期试验改进皆由集团承担，因此在成本方面，集团承担着比较重的负担。

2. 解决方案

可以通过扩展盈利渠道来缓解成本上的压力。既然集团拥有整个系统设施装备的专利，也就可以建立制造基地，卖产品。如和顺丰洽谈仓库与仓库之间的系统架设，为其输出装备与解决方案。

除此之外，也可以参与项目建设后的运营。若未来成为国家基建项目，也可以由当地国企运营，但中保斯通还可以参与，确保技术条件。

利用已建成的体系和技术，建设县域版的自营商城平台运营，以高时效＋低成本兼具的网络，把产品运送到村中，同时通过经济手段引导社会集约化运营。

四、项目推广

在项目试点取得一定成效之后，中保斯通集团也以多渠道进行项目的推广应用。

（一）技术发展

中保斯通在广州花都建立了独立的研发基地，基本完成了穿梭机器人、控制系统等核心软硬件开发，同时在广东茂名建成了一条双向 8 公里的"镇—村"智运快线试验线并投入正式运营。广东省物流行业协会制定的智运快线系统团体标准已经公布实施。相关专利及知识

产权已经申请 200 多项。

（二）各界支持

2017 年，全国人大代表张琼提交了大力支持智运快线项目的建议案，并得到国家发改委的专题答复。答复充分肯定智运快线项目的前瞻性和创新性，支持地方和企业积极开展探索，推进物流业创新发展。2016—2017 年，项目曾得到时任广东省委主要领导的两次批示。

2018 年，时任茂名市市长许志晖向时任交通运输部部长李小鹏做专题汇报，时任交通运输部总工程师周伟考察中保斯通花都研发基地。2020 年，时任全国政协副主席、交通运输部党组书记杨传堂在江西安远考察时听取了安远智运快线项目的汇报。

中国科学院、北京交通大学等科研院校，广东省物流行业协会等行业管理部门分别对智运快线技术给予了高度肯定，获得北京交通大学原校长宁滨院士、广东省科协主席陈勇院士等业内顶级科学家的支持。

（三）中交合作

2018 年 5 月，中保斯通集团与中国交建装备制造与海洋重工事业部签订全产业链合作协议，共同推动智运快线成为促进农村地区发展的新型物流基础设施。

2019 年 8 月，在中国交建装备制造海洋重工事业部的组织领导下，中交四航院、中交郴筑与中保斯通签订合作框架工作协议，三方同意就智运快线项目推广和建设共同组建合资公司。

2019 年 12 月，中交四航院向中交集团总部提交了《关于中交集团推动智运快线技术应用推广与产业化的报告》，认为智运快线技术成果基本成熟，可进入推广应用阶段，中交集团已将智运快线项目列入新的重点发展计划。

案例 18
建设智慧城市，构建统一政务服务平台

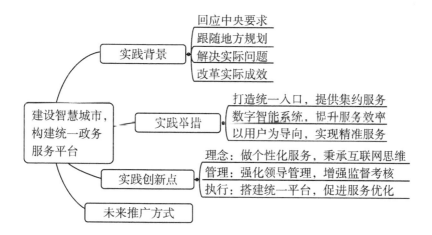

一、实践背景

（一）回应中央要求

党的十九大报告指出，必须坚定不移贯彻创新、协调、绿色、开放、共享的发展理念①，提出了要建设"网络强国""数字中国""智慧社会"②。"数字政府"是"数字中国"体系的有机组成部分，

---

① 习近平：《决胜全面建成小康社会　夺取新时代中国特色社会主义伟大胜利——在中国共产党第十九次全国代表大会上的报告》，人民出版社 2017 年版，第 21 页。
② 习近平：《决胜全面建成小康社会　夺取新时代中国特色社会主义伟大胜利——在中国共产党第十九次全国代表大会上的报告》，人民出版社 2017 年版，第 31 页。

是推动"数字中国"建设、实现经济高质量发展、再创营商环境新优势的重要抓手和重要引擎。2018年2月，党的十九届三中全会审议通过了《中共中央关于深化党和国家机构改革的决定》和《深化党和国家机构改革方案》，提出实现国家治理体系和治理能力现代化的要求。2018年3月7日，习近平总书记参加十三届全国人大一次会议广东代表团审议时，提出广东要在构建推动经济高质量发展体制机制、建设现代化经济体系、形成全面开放新格局、营造共建共治共享社会治理格局上走在全国前列。① 因此，深圳深化统一的政务服务平台的应用搭建，符合中央的目标指向。

（二）跟随地方规划

近年来，广东省持续推进简政放权、放管结合、优化服务，不断提高政府效能，开展一系列实践探索。省政府印发《广东"数字政府"改革建设方案》《广东省"数字政府"建设总体规划（2018—2020年)》，率先在全国部署"数字政府"改革建设，指引广东省"数字政府"总体建设方向。目前广东省"数字政府"建设已经取得了显著成果，并确定了包括广州、深圳、肇庆、云浮、江门等在内的第一批试点城市，全省各地市也涌现出一批在全省甚至全国领跑的先进经验。在广东省各地建设"数字政府"的实践背景下，"i 深圳"App 的建设与推广也是贴合地区发展规划的实践举措。

（三）解决实际问题

为加快推进"互联网＋政务服务"工作，近年来，深圳各区、各部门纷纷在移动端发力，独自建设了众多政务服务 App。经调研，目前深圳市、区已建成并上线运行 28 个政务服务 App，其中一部分仅提供专项政务服务事项申办功能，6 个提供综合政务服务事项申办等功能，即政务办建设的"深圳网上办事"、宝安区建设的"宝安

---

① 参见《奋力走在全国前列　创造广东发展新辉煌》，载《光明日报》2021年5月25日8版。

通"、南山区建设的"南山政务服务"、福田区建设的"智慧福田"、盐田区建设的"在盐田"、光明区建设的"光明通"。但上述 App 没有一个可承载全市政务服务审批、信息发布、政民互动功能。缺少一个全面的、覆盖范围广的政府应用软件是当前深圳市"数字政府"建设中存在的问题。

(四) 改革实际成效

"i 深圳"App 自 2019 年 1 月 11 日发布以来，已上线 3 个中直单位、40 个市级单位和 10 个区级单位的 8000 余项服务以及 75 类电子证照和电子证明，累计下载数超 1800 万，为市民提供 14 亿次指尖服务，创新打造"免证办""秒报秒批一体化"等创新服务模式。全市 95% 以上个人事项和 70% 法人事项已实现掌上办理，其中纯线上"秒报、秒批、秒查、全流程网办（零跑动）"实现超 500 项，深圳市民办事效率提升近 60%，人均办事时间减少 2 小时。

作为深圳"数字政府"建设改革工作推出的重要便民举措，"i 深圳"对纳入权责清单的政务服务事项，按"应进必进"要求全面接入，围绕出生、上学、就业、退休、死亡等阶段推出政务生活主题服务，涵盖了交通、人才、医疗、住房、教育等领域。依托平安 BCID 区块链、市民服务 AskBob 等技术，"i 深圳"推出了区块链电子证照、AI 智能客服、无感申办、千人千面、秒批服务等创新模块，市民在"i 深圳"即可一站式享受社会保障、医疗健康、交通出行、警务安全、生活缴费、电子证明、游玩预约、文体资讯等与市民息息相关的服务，包括应届毕业生接收、居住证签注和申领、汽车摇号和竞价、乘车码、公积金提取、实时公交、交通违法查询处理、外地车通行证办理等高频服务，实现让数据"多跑路"、市民"少跑腿"。

在 2019 年，"i 深圳"App 入选中国信通院智慧城市十大示范案例和 2020 世界互联网大会领先科技成果手册（60 强），并连续获央视《新闻联播》4 次报道。同时在 2019 年和 2020 年连续助力深圳网上政务服务能力蝉联重点城市首位，2020 年助力深圳荣获智慧城市领域奥斯卡——全球智慧城市大会"全球使能技术"大奖。

二、实践举措

（一）打造统一入口，提供集约服务

深圳市政务应用软件实践将以"市民用一个 App 畅享全市综合服务"为核心理念，打造全市移动政务服务集约化建设平台，汇聚政务服务、公共服务和便民服务资源，为市民提供"一屏一卡一账号"的线上服务统一入口，实现"一号走遍深圳、一屏智享生活"。通过打造全市统一政务服务平台入口提供集约型服务。

1. 打造全市移动政务服务集约化建设平台

建设平台将成为市电子政务基础设施的一部分，是支撑移动端微服务开发的云应用支撑平台（PAAS 层平台）。平台通过平台化、构造化、协议化、标准化的方式，实现移动端应用及服务的集约化管理，支持原有移动端服务无缝接入和未来移动端服务的集约化开发。各级各部门已建的政务服务 App，将在 2 年内逐步有序整合至平台，新建的移动互联网政务服务业务依托平台建设。

2. 打造移动化统一入口

虽然数字化政务服务的建设已经取得了不少成果，然而由于服务类型具有差异性，这使得移动端服务平台入口在数量上也较多，为了更好地满足建设"数字政府"的需要，打造移动化统一平台也具有必要性。

打造全市统一的移动端政务服务门户，面向企业和群众提供覆盖市区街三级政务服务、公共服务和便民服务的导航、申办；集中发布深圳政府在线信息公开内容及热点资讯；提供办事咨询、投诉建议、进度查询等功能；提供社区、交通、医疗、房产、教育、旅游等便民、公共服务。

3. 建设"数字深圳"开放、共赢的平台，汇聚政务服务、公共服务和便民服务，共享社会资源，打造生态体系

通过建设全市架构统一的统一政务服务 App，集成各级政务服务

资源，承载全市政务服务审批、信息发布、政民互动功能，推动更多审批事项和便民服务通过移动互联网办理，并充分利用第三方移动互联网平台拓展服务渠道，不断提升移动端政务服务能力，构建方便快捷、公平普惠、优质高效的"互联网＋政务服务"体系，提升人民群众满意度和体验感。

（二）数字智能系统，提升服务效率

"i 深圳"通过持续深挖服务优化、流程改造、建立表单引擎和数据调度中心，实现业务流程的精简化、自动化，以此实现服务"秒报"和"秒批"。"秒报"和"秒批"的结合实现了政务服务从申办到审批的全过程主动、精准、智能服务，实行"无填报、无材料、无跑腿、无人干预、无中介"的五无模式，是"互联网＋政务服务"发展的新阶段。以大学毕业生落户为例，深圳每年引进毕业生约 11 万人，以往毕业生需要准备近 10 份纸质材料，在多个机构间至少跑 4 趟，等待数十天才能完成落户。"i 深圳"联合人社局推出"秒批"服务，毕业生在线简单填报，线下跑动一次，就能完成审批，每年可为企业和毕业生们节约经济成本超 1 亿元。

2020 年 9 月，"i 深圳"在"秒批"和"秒报"的基础上，推出"秒报秒批一体化"的政务服务新模式。首批试点包括变更高龄老人补（津）贴、深圳经济特区居住证申领等 58 个事项。

数字信息化技术的应用，无疑缩短了审批流程，极大地提升了办事效率。"i 深圳"利用平安 BCID 区块链技术，打造区块链电子证照平台，实现包括居民身份证、驾驶证、行驶证和公积金卡等在内的"证照汇聚、一码通行"，并可快速办理与证照关联的服务，可随时随地在"指尖上"办理业务。2020 年 10 月，深圳市再次推出政务服务"免证办"，努力打造无实体卡证城市。例如办理《无犯罪记录证明》，支持授权线上办事使用电子证照，省略了原本申办流程中需填写 17 项信息并提交身份证复印件的烦琐步骤。

目前，"i 深圳"区块链电子证照应用平台支持 75 类电子证照上链、线下大厅扫码授权用证办事、线上授权他人查证，全面提升市民

服务体验和政府办事效率。此平台整合了上亿条数据项，惠及深圳2000万市民，350万商事主体。

与此同时，"i深圳"也利用了平安人工智能、知识图谱、大数据等先进技术，构建了具备政策法规、审批事项、公共服务、办事指南、个人信用5个知识库的智能客服"深小i"，支持App服务"查询、问答、办事"一键穿透，通过在对话中"一问一答一刷脸"把事办好，给市民带来无感知、零距离、管家式的政务办事体验升级。目前，"i深圳"AI客服机器人"深小i"支持7000多条市民和常用服务内容的查询问答，并且首创"聊天办事"场景，即通过多轮人机对话，在聊天中把事办好。

（三）以用户为导向，实现精准服务

"i深圳"通过服务事项标签化管理、建立用户个人画像，实现服务与用户需求精准匹配，实现移动服务千人千面。根据市民行为习惯及身份特点，分析潜在需求，提供精准推送服务、个性化资源订阅服务，为市民建立个性化智能门户，提供便捷、专属、主动服务。

三、实践创新点

（一）理念：做个性化服务，秉承互联网思维

1. 重视用户使用体验

"i深圳"的建设以用户需求为产品设计的原动力，聚焦服务对象的感受和体验。"i深圳"建设始终以用户需求为产品设计的原动力，抓住政务服务"低频、刚需"和生活服务"高频、非刚需"的特点，围绕医、学、住、行、生、老、病、养等民生领域，全面整合政务服务、公共服务、便民服务资源，优化服务应用，以高频、刚需服务吸引用户，以实用、好用留住用户，以一站式服务打动用户。同时针对不同使用对象需求和使用习惯，规划市民通、营商通、疫情防控专区、招生考试专区、求职用工专区等服务专区，提供特色服务

应用。

2. 构建政务服务生态体系

以"市民用一个 App 畅享城市服务"为总体目标，构建"城市服务生态体系"。以实现95%以上的个人事项和60%以上的法人事项移动化办理为目标，倒逼政府部门查找现有业务流程存在的不足，简化优化服务流程，对政务服务进行移动化办理适应性改造。通过逐步整合各部门已建政务服务 App，要求新建移动端应用服务必须依托全市统一平台，实现市、区、街道、社区四级网络、数据、业务的全打通与全覆盖。通过制定接入服务标准，向合格的第三方服务厂商开放平台能力，拓宽服务资源，全方位构建"城市服务生态体系"。

3. 打造个性化服务模式

瞄准用户痛点难点，打造千人千面服务模式，变"被动服务"为"主动精准服务"。如何在上千项服务中为用户精准定位所需服务，是城市级移动服务门户面临的痛点难点。"i 深圳"充分利用大数据、人工智能、人机交互、深度学习等先进技术，构建集智能提示、智能问答、关联推荐、智能导航、智能标签于一体的智能客服体系。根据用户标签足迹，分析用户习惯和潜在需求，提供精准推送服务、个性化资源订阅服务，支持用户建立个性化智能门户，实现移动服务千人千面，为市民和企业提供均等、便捷、个性化、主动服务，全方位提高群众幸福感。

4. 以互联网思维推进平台迭代开发

敏捷开发，以快速迭代式开发实现突围。秉承互联网思维推进项目建设，以成熟平台为框架实现"从 0 到 1"的快速突破，再以快速迭代式开发实现"从 1 到 100"的逐步完善。项目于 2018 年 9 月立项，2019 年 1 月即正式上线。建立快速市场反应速度，以用户需求进化为核心，分析"i 深圳"建设各项需求的紧急性和重要性，严格按照优先级顺序开发。通过开展用户研究、建立用户意见反馈机制，主动联系用户了解困扰，持续不断发现产品问题，获取用户需求，有针对性地进行产品迭代，在持续迭代中不断完善产品。

（二）管理：强化领导管理，增强监督考核

通过"i深圳"应用进行深圳"数字政府"建设，领导管理发挥了不可忽视的作用。作为项目领头人，相关领导需要统筹推进，将各项工作落到实处。作为深圳市"一号工程"，市主要领导对项目亲自过问、亲自谋划、亲自督办；市政务服务数据管理局成立专项工作组统筹推进项目建设，统一规划、统一标准、统一运营、统一管控，每周编制运营周报汇总并通报 App 运行情况及各部门工作进度，向"数字政府"改革建设工作领导小组汇报。强化监督考核机制，建立涵盖工作推进效果、过程、进度的绩效考核指标体系，将各区、各部门"i深圳"平台服务对接工作纳入年度绩效考核，对工作不力、进度拖延等行为重点督查督办。

（三）执行：搭建统一平台，促进服务优化

1. **整合服务渠道**

由于过去"数字政府"搭建的政务服务平台过于分散，为政务服务造成不小的难度，通过搭建"i深圳"，有效整合了服务渠道，这种"统合"的执行模式也是本次打造政务平台的创新点之一。

通过构建全市架构统一的移动服务开放平台，能够为服务集约化管理提供支撑能力。基于组件化和微服务架构搭建全市统一的移动服务开放平台，提供服务授权、JSSDK 授权、用户认证、OpenAPI 等基础能力，同时对接电子证照、位置服务等公共系统，支持各服务接入单位原有移动端应用程序快速接入，支持各单位基于平台快捷开发移动端应用程序。各服务接入单位通过开放平台即可实现接入服务申请、注册、测试、审批和上线全流程自助管理。建设统一身份认证模块，并与省、市统一身份认证平台对接，提供统一用户注册、实名核验、单点登录等功能，为企业、个人提供分级实名认证服务，满足各类服务应用账户体系打通、统一身份认证需求，真正实现"一屏智享生活、一号走遍深圳"。

建设统一移动服务门户，提供"一屏一账号"的线上服务入口。

多措施并举打造集政务服务、公共服务、便民服务、政务资讯发布、政民互动为一体的统一移动服务门户：一是面向所有市区两级党政机关、国有企事业单位、人民团体等，全面梳理政务服务、公共服务、便民服务资源，对所有服务资源进行汇聚；二是采用爬虫技术采集深圳政府在线等各政府网站信息，发布各区、各部门政务公开信息及热点资讯；三是接入网上办事大厅、深圳政府在线等各政府网站办事咨询、投诉建议、进度查询等功能，满足用户多样化服务需求。同时在"i深圳"内构建各区级、部门、国资企业独立子门户，满足各单位个性化展示需求，提供特色功能与服务。

制订标准规范，保障"i深圳"建设一盘棋、管理一体化。制订服务接入标准、数据标准、接口标准、交互标准，制订服务接入流程规范、服务安全要求规范和视觉设计规范等，编制接入指南全面指导各单位服务事项接入与建设，保障"i深圳"建设一盘棋、管理一体化。

2. 多维立体运营

执行层面上进行多维立体运营，有利于提升用户黏性，促进服务优化，同为本次实践的创新点之一。这改变了过去电子政务项目重建设轻运营的思路，组建数字化运营管理团队，采取活动运营、内容运营、用户运营、数据运营、联合运营和市场推广等多维立体的运营方式，瞄准市民和企业办事的痛点难点，融合各单位服务内容，紧密结合社会企业、社会媒体等外部资源，围绕政务服务、交通出行、文化教育、医疗健康等场景持续开展运营，提升用户黏性，获得用户的认可和口碑；对各区级、部门、国资企业独立子门户访问及服务使用情况进行专项运营分析，提供运营报告，促进服务接入单位持续优化。

四、未来推广方式

在系统了解了搭建"i深圳"政务服务软件的具体举措与实践创新点后，需要将其作为典型"数字政府"建设的成功案例，在全国进行模式推广。关于推广的具体方式，可以有以下几点。

多方资源联动：充分调动可联合的各方资源，多角度、全方位、立体化运营推广。2019 年，"i 深圳"在年头年尾分别举办了两场发布会。1 月，"i 深圳"App 正式上线发布，平安运营团队联合市属各新闻单位、各委办局、各区制定了详细的宣传配合计划，同时也借助平安集团宣传资源，覆盖电视、报刊、户外广告、新媒体等全市各类线上线下传播渠道，累计曝光量超过 5000 万次，为"i 深圳"迎来开门红。12 月，团队快速响应中央关于区块链技术应用的号召，在"i 深圳"上线区块链电子证照应用平台，并举办了平台上线发布会，获中央电视台、新华网、人民网、深圳卫视等权威媒体的专题报道，以及各级媒体的全方位宣传，最终获得超过 1.8 亿次全媒体曝光量。

关注热点事件：联合优势渠道，让运营效果事半功倍。平安运营团队时刻留心市民关注的高频刚需功能和热点事件，积极联合相关单位进行运营推广。如"i 深圳"乘车码功能甫一上线就成为使用率最高的服务功能之一。为了让更多市民享受到扫码乘车的便利，团队联合深圳通公司推出"你乘公交我买单"活动。2019 年 7 月，"i 深圳"首次开通中考成绩查询入口，为广大学生和家长提供了一条掌上查分新渠道。在庆祝中华人民共和国成立 70 周年深圳湾焰火晚会期间，"i 深圳"团队与深圳市公安局深度联合，在 App 为市民提供了高效便捷的焰火晚会掌上预约入口，并在全市电视、报纸、电台广播等渠道进行宣传预告，其间，数十万市民通过"i 深圳"App 参与了活动预约。

塑造专属品牌形象：打造市民、企业办事亲民小助手。智慧城市不是钢筋水泥的堆砌，也不仅仅是办事柜台的线上化，更重要的是以人为本，提供有情怀、有温度的服务。平安运营团队为"i 深圳"打造了一个亲民可爱的现象代言人——"深小 i"，并设计了全套"深小 i"表情包上架微信商店，塑造"i 深圳"亲民可爱的品牌形象。还借助平安智慧生活市民服务 AskBob 功能，将"深小 i"打造成 24 小时 365 天在线的智能客服，为市民提供办事指引、问答服务，让"深小 i"真正成为深圳市民和企业跟政府沟通和办事的小助手。

海陆空推广矩阵：登录多个城市级形象窗口，强势彰显品牌实力。除了传统的媒体宣传，平安运营团队还别出心裁打造了"海陆空"渠道矩阵，进行360°全方位推广。"海上"参与国内最大的海上运动赛事——中国杯帆船赛。"陆地"推出"i深圳"有轨电车专列、深圳机场广告、出入境口岸等。"空中"则覆盖电台媒体、灯光秀，以及在深圳第一高楼上打出墙体广告。这一年，"i深圳"及"深小i"形象频繁登录多个城市级形象窗口，覆盖了众多人流量大、曝光率高的场景，市民目光所及之处皆有"i深圳"及"平安技术支持"的身影，对于彰显平安智慧城市实力及"i深圳"品牌具有极大的助益。

多项荣誉加身，助力深圳智慧城市建设先行示范。"i深圳"积极参与业内权威交流活动及奖项评选。中国信息通信研究院公布2019年新型智慧城市十大典型示范案例，涵盖直辖市、省会城市、地级市、智慧园区等地区实践以及城市服务、城市治理、城市设施、城市产业、城市生态等解决方案。其中，"i深圳"作为"城市服务"的典型示范案例入选。成为国家级的示范案例，意味着今后国内众多城市的智慧城市项目的建设将参考借鉴"i深圳"的成功经验。

案例 19
旧城新建，不丢本色

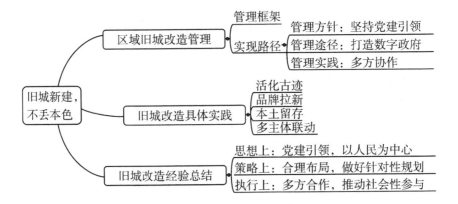

广州是一个具有 2000 多年历史文化沉淀的城市，是以原有城市为基础发展而来的，故而它的每一次发展都伴随着原有城市的改造。越秀区，作为广州传统老区之一，在旧城改造方面不断创新，与时俱进，推动区域更新改造，从而实现全区高质量发展，激发老城区新活力。

一、区域旧城改造管理

实现可持续性的旧城改造方案，焕发旧城新活力，首先需要具有适配性的管理方法，一方面，在旧城改造的规划与实践过程中，作出合理的决策部署，并调动政府力量予以资源支撑，另一方面，在维护旧城升级成果上，也需要高效恰当的管理团队、管理制度提供公共服务，及时处理旧城改造中暴露的问题。

（一）管理框架：建设综合管理指挥平台

根据"平战结合、平台融合"的建设思路，越秀区整合了政务值班、网格化管理、12345政务服务热线、城市视频监控等管理、指挥、调度职能，努力打造统一指挥、反应灵敏、协调有序、运转高效、功能齐全、保障有力的综合管理指挥平台，实现网格化服务管理和城市安全运行指挥工作无缝对接。

通过建立"四位一体"城市运行管理系统，整合应急指挥、网格化管理、12345政务服务、城市运行管理等指挥调度职能，从而完善区、街两级指挥，区、街、社区三级平台，区、街、社区、网格四级管理的服务管理运行体系，实现对应急处置、社会管理、政务服务、城市管理四方面工作的标准化、集约化、精细化管理。以平台综合性解决日常管理中的信息、资源调动的壁垒问题，推动管理效果不断提升。

（二）实现路径

越秀区综合调度指挥平台始终遵循"令行禁止、有呼必应"的建设原则，以党建引领基层治理，实现共建共治共享社会治理格局的要求，以党的政治建设为统领，突出政治功能和服务功能，确保政令畅通、执行有力，实现民有所呼、我有所应。

1. 管理方针：坚持党建引领

在综合性指挥平台的建设过程中，越秀区政府始终坚持党建引领，在体制机制上为公共服务、社会治理提供保障。

首先，在管理结构上，强化组织领导。成立工作领导小组，出台实施"1＋6"系列文件，在区政府办公室新设网格化服务管理科，设置区城市运行综合指挥中心，升格为副处级公益一类事业单位负责指挥调度。推动18个街道指挥中心实体化全覆盖，在街道改革中拟设立专门科室，依托1893个网格党组织，全面打通区委统一指挥调度，决策部署快速贯彻，群众诉求快速解决的高效路径。

其次在工作执行中，完善工作机制。围绕综合管理、重点工作、重点项目、应急处置四大类工作，细化 51 项呼应清单，梳理街道 99 项职责权限，构建区、街、社区、网格四级响应体系，实现"网格联通、条块联动"，对民生事项"接诉即办、限时办结"。疫情防控期间，已处理群众反映事项 13091 宗。

最后在制度监管上，落实监督考评，从而实现管理层面从人事到制度、从服务到自我约束的闭环。在指挥调度平台上建立红黄牌警示机制，定期形成综合分析予以通报。实施区级呼应"一事一考"全程留痕评价机制，并将专项工作纳入绩效考评、书记述职评议和党建考核内容，将街道对部门绩效考核权重从 3% 提高到 25%。

2. 管理途径：打造"数字政府"

对于旧城改造的管理，越秀区政府通过深度融合"数字政府"建设成效，建设务实管用的综合性指挥平台，在管理效率与管理质量上都呈现出显著的成效。

一是打造智能指挥平台。融合 12345 热线、网格化管理、应急值守、城市管理等业务系统，打造集指挥调度、督促协调、评价考核、智能治理于一体的"令行禁止、有呼必应"综合指挥调度平台，已处理 12345 热线工单 136435 件，社区响应 57997 次，街道响应 51807 次。

二是打造党建引领门户。依托平台开发越秀党建地图、组织生活管理、督查督办等模块，对全区党员、党组织、党群服务阵地、红色史迹实施精细化规范化管理，实现党建数据动态分析、组织建设动态督查，政令落实动态追踪，确保政令畅通。

三是打造政务服务门户。依托"越秀人家""越秀商家"小程序实施政务服务改革，"政务服务标准化"等 4 项典型做法被列入全市优化营商环境推广清单。目前全区 912 项依申请事项 100% 进驻区政务大厅予以综合受理，100% 实现预约办、自助办，可网办率、最多跑一次率 100%；推进 70 项居民高频事项、743 项涉企服务事项上线"越秀商家""越秀政务""越秀人家"；推动 52 种电子证照入库，累计调用共享证照数据 55 万余次。

四是打造越秀智慧门户。以"越秀智库"统筹全区经济发展、民生服务、生态环境、城管、应急、水务、教育、医疗等城市运行数据资源，通过运用大数据、云计算、人工智能等新技术，进一步提升"以数辅政"能力。

利用"数字政府"建设过程中已采用的先进技术提升政府对于人民群众反映问题的回应效率，切实提高了百姓心目中的政府形象。

3. 管理实践：多主体协作，多渠道回应

在推进平台建设过程中，越秀区政府积极推动改革创新，追求出彩出新，提升党建引领基层治理效能，建设带有越秀特色的工作模式。

在管理人员的配置上，实现在职党员"指尖管理"。完善"越秀人家"小程序党员服务模块，对在越秀区报到的 3.5 万多名在职党员实现"指尖管理"，已组织开展各类服务活动 8324 次，报名参与服务 6.7 万人次。

在管理实践的方法上，实现事件处置"有呼同应"。针对网格员需要通过 App 上报事件造成的频繁录入等问题，开发"越秀先锋"政务微信工作台，通过微信操作即可实现呼叫、响应、调度、处置，并内置 AI 小秘书，实现点对点自动调度、督办。试点以来，共处理事件 7515 件，获《南方日报》、《新快报》、广州电视台、《红棉璀璨》等媒体报道。

在管理主体的协调上，实现问题解决"市区联动"。针对部分呼应事项需要市直部门共同解决的问题，与市直机关工委创新建立市、区联动平台，由市直机关工委运用基层评议机关机制，协调市直部门积极响应，打通越秀区与市直部门协同解决疑难问题的"绿色通道"，已处理联动事项 6 件。

二、旧城改造具体实践

作为广州传统老区之一，越秀区内留存有许多的历史建筑以及历史文化老街，承载着这座老城的记忆，因而如何处理旧城改造的需求与保护历史文化建筑间的矛盾，是政府在进行旧城新建项目中必须要

解决的问题。解决传统与现代融合的冲突，越秀区政府坚持在深入考究的基础上，一栋一策开展立面设计并进行方案论证，主动做好规划服务，具体问题具体分析，有针对性地解决旧城改造过程中传统建筑建设的保护问题。下文将以北京路几个突出的历史建筑升级改造项目为案例，分析旧城新建过程中的具体实践举措。

（一）活化古迹，展旧城新颜

合理处置现有资源，对古迹进行重新升级改造，在修缮古迹的同时打造古迹新的面容，借用当今较为先进的技术重现这些历史古迹的风貌，并多途径展现给民众，如此才能提升"全球活力"新体验，越秀区内北京路、万木草堂、旧南海县社区等重建项目都利用该手段成功实现了旧城新建的目标。

作为越秀区内传统老街之一，北京路位于广州历史文化名城保护范围，为破解旧城更新改造难题，区政府制定《广州传统中轴线保护实施方案》，用好功能活化措施、自主更新措施、消防措施、地下空间不计容、容积率补偿、经济补偿、建筑补偿7项重大政策措施，片区内高第街、大小马站等历史文化街区改造项目全面启动。北京路商业载体多建于20世纪初期，普遍存在历史加建、消防验收等问题。在政策创新指引下，采取各种灵活措施解决遗留问题，推动30处约17万平方米的公有物业全面改造，其中有着400多年历史的老字号"陈李济"改造成为"陈李济中医养生大厦"。北京路骑楼长期被大面积商业广告覆盖，为恢复风貌，提升消费载体，聘请了熟悉岭南历史建筑的专业团队编制《北京路步行街改造提升总体规划》和产业、交通、景观等"1＋3"规划体系，以历史记载、老旧照片为依据，"一栋一策"精细化修复376栋骑楼，打造成最贴近市民群众的岭南建筑博物馆，重现街区岭南风貌。增设"清代广州城坊示意模型""非遗文化展示橱窗""广府特色文化游径"，提升千年古道展陈方式，以丰富、多样形式重现北京路的"前世今生"，让市民游客体验上下两千年的历史感，进一步提升吸引力。

同样，万木草堂也通过整理、盘活现有资源，在政府与民间资本的共同努力下，进行修缮并实现复兴。

新中国成立后，万木草堂归广州市政府管理，这里一度成为东风锁厂的车间，后来陆续住进了 40 多户居民，变为了大杂院。住户们在里面修筑打墙，严重破坏了房屋结构，很多建筑部件和文物遭到破坏。故而从 2004 年起，广州市政府投入 1300 万元迁出所有住户，后又投入两百多万对草堂进行全面修缮，拆除周边临建违建建筑。

森岛集团及其董事长郭建基一直致力于推动文化创意产业的发展和文德路历史文化的复兴。2010 年，在广州市政府有关部门的支持下，森岛集团组建了万木草堂管理团队，与广州市越秀区文化广电旅游体育局共同管理万木草堂，着力于传播与弘扬传统文化、岭南文化、广府文化和康梁文化，举办了一系列的公益、文化艺术活动，这是民间资本与政府共同管理之下历史文化遗产活化的经典案例。2012年，万木草堂被列为广东省文物保护单位，是广州市爱国主义教育基地。

从 2018 年 5 月开始，万木草堂开设了当代艺术项目"声音博物馆"，以声景的形式向民众传播传统文化，有别于传统的语音讲解。如今万木草堂的常设展览有：万木草堂发展史、万木草堂开新派、草堂子弟显英才等。

现今，万木草堂已经成为国家 4A 级旅游景区——北京路文化旅游区旅游线路的第一站，与城隍庙、南越国宫署遗址、老字号一条街、千年古道、拱北楼遗址、大佛寺、西汉水闸、药洲、庐江书院等景点整合、串联成"S"型的北京路文化旅游区精品旅游路线。

在旧南海县社区的微改造工程中，也可以看到旧区资源的活化可提升人民的居住质量，推动公共服务的供给水平。

街道党工委、社区党委坚持党建引领，坚持以人民为中心，突出挖掘文化内涵、突出公共服务，打造六榕文化广场、大公报小广场、"三家巷"故事浮雕墙等小景点，成为深受群众喜爱的社区文化活动阵地以及休闲健身场所。推进"旧南海县社区红色文商旅园区"新时代党建先锋行动，打造旧南海县社区新时代文明实践站（党群服务站），与居委会办公场地三合一，组建老城活力、垃圾分类、爱心康疗、爱绿护绿 4 支志愿先锋队，为群众提供多层次、优质、便捷、精细服务。打造"三家巷"文化馆（社区党性教育基地），集中展示著名革命小说《三家巷》的历史事件和革命先辈在越秀的事迹，融入"家门口红色电影院"功能，让党员群众在家门口便可吸收革命优良传统"营养"，补足精神之"钙"。打造环保生活空间站，融入垃圾分类体验功能，全面提升群众环保意识。提升康园工疗站，为残疾人等特殊群体提供有针对性的服务。打造长者饭堂，为长者提供"家门口"的用餐服务。

（二）品牌拉新，焕老街新彩

为了更好地将历史老街区融合于现代化的建设与发展中，需要引入新的商业元素，在不丢失传统街区的历史责任的基础上，拉入新的商业品牌，为老街增添新的商业活力，焕发新的街区风采，其中以北京路老街的改造为典型代表。

围绕 2019 年 12 月 30 日李克强总理在国务院常务会议提出的"改造提升步行街，要与发展'小店经济'相结合。要以更有针对性的政策措施，发展'小店经济'，创造更多就业机会，促进形成一批人气旺、特色强、有文化底蕴的步行街"① 的部署要求，加快传统业态调整，引入一批新潮新颖、动感乐活的特色品牌店。2020 年新引进全国最大 NBA 旗舰店、华为智慧生活体验店、故宫"迷你紫禁城"文创旗舰店、"城市限定"喜淘冰 IP 华南首店、KKV 网红生活馆旗舰店、WOW COLOR 国货彩妆集合店、碧桂园千玺机器人餐厅、B. Duck 小黄鸭品牌店、HEA 原创品牌旗舰店等特色品牌项目进驻，品牌由 750 个增加至 1057 个。积极传承广府非遗、老字号两大"文化瑰宝"，联合一批非遗传承人成立广府汇文化传播公司，建设非遗传承基地，开发岭南打铜、广彩、广绣、醒狮等非遗文创产品，近 3 年年营业额均超 1500 万元。重点打造国潮老字号一条街，举办"广

---

① 参见《推进步行街改造提升，李克强强调要与发展"小店经济"相结合》，见中国政府网（http://www.gov.cn/xinwen/2020－01/02/content_5465546.htm），2021－08－31。

州老字号嘉年华暨出口转内销"活动，100 余家老字号、外贸出口、一带一路企业集体亮相，引发老字号和出口转内销产品消费热潮；建设北京路直播间，利用网红主播为老字号直播带货，引导老字号融合线上线下、开发新潮产品，实现"老树开新花"。目前，北京路集聚非遗项目 35 个、非遗传承人 28 名、老字号近 60 家，其中中华老字号 12 家，传统、新兴业态交错分布，增强了对游客特别是年轻游客的吸引力，目前步行街 40 岁以下的年轻游客超过 6 成。

（三）本土留存，塑传统特色

除了通过引入新的商业品牌增添老街区活力，也不应该忽视本土特色的建设，只有实现本土与国际的结合，才能提升"全球活力"新体验。同样以北京路作为典型案例，新河浦历史文化街区的改造也是优秀的辅助案例。

在引进国际品牌推进北京路国际化品牌化发展的同时，注重突出本土特色，提振消费促进市场繁荣，将疫情对经济发展的影响降到最低。

一是"YOUNG 城 YEAH 市"（羊城夜市）文旅夜消费品牌，将北京路打造为岭南特色鲜明的地标性夜间经济集聚区。采用先进科技，打造了省财厅灯光、北段骑楼舞台剧、新大新全国最大的户外裸眼 3D 艺术灯光秀等近 10 处夜间景观节点，成为热门的夜间游客"打卡点"。以"周周有活动、月月有精彩"为原则，举办时尚炫酷快闪秀、南越卫队阵列表演、黄飞鸿之炫光醒狮、嫦娥奔月古筝秀等夜间文艺表演，以文旅活动促进夜间经济。加强夜间值勤服务，鼓励广百、新大新、北京路沿街商铺延长营业时间，8 家电影院开设凌晨深夜场，南越王宫博物馆纳入全市首批夜间对外开放的博物馆，实现夜游夜购夜赏的夜间消费大循环。目前，北京路集聚夜间"网红打卡点"53 家，夜间消费占比超 4 成。

二是"美在花城、食在广州"品牌。设计九曲花街（可移动花池）、迭迭花影（窗台绿化）、空中花园（屋顶绿化）等花卉展示，彰显广州"花城"魅力，结合四季花街氛围，发展"楼上经济""外摆经济"，提升休闲消费空间。建设惠福美食花街、粤菜博物馆、广府味道体验馆等，集聚广府特色美食约75家，进一步擦亮"食在广州"金字招牌，陶陶居等广府美食品牌店日翻台率超过10，展现了美食消费热力。

在本土特色的建设上，新河浦历史文化街区也做出了较好的示范。越秀区政府在挖掘新河浦街区历史文化基因、重建传统建筑的同时也注重保护新河浦历史文化街区内太虚拳的传承和发展，保护街区内传统老字号、宗教活动、街巷故事和广州老城区传统生活生产习俗，保护优秀传统文化与非物质文化遗产的社会基础。

（四）多主体联动，理市容促基建

维护历史建筑的重新修缮，需要来自多方力量的合作。在北京路的修缮案例中，政府积极调动社会各方力量参与改造提升，与商户联动，步行街1.8万平方米违法建筑、违法广告招牌全部拆除，临街首层260间商铺的卷帘门统一换成玻璃橱窗，连线改造骑楼天台为空中花园，带动优质业态"上楼"，商户经营环境全面提升，坚持"改造不停业"，获得商户一致支持。打造智慧服务平台，搭建商户、游客智慧服务小程序，推动三大运营商与大型商家对接，推广机器人餐厅、3D试衣、5G直播等商业应用。与周边3公里内26家停车场签约，提供超7500个停车位优先满足步行街游客停车需求。推动后街提升，步行街长度从1.1公里延长到3.5公里，步行区范围从0.29平方公里扩大到0.43平方公里。完成约5200米内街里巷人居环境提升、3000平方米第五立面整治，推动改造提升广泛惠及商户、惠及民生。两年来，北京路步行街改造提升财政投入约3亿元，撬动社会投资超100亿元，在促进新业态新模式发展、改善消费者体验、拉动消费的同时，有力带动城市建设投资和就业，实现"小切口大改变"的综合目标。

在新河浦历史文化街区的改造项目中，可以看到多方合作运营的情况。新河浦历史文化街区采用政府主控、非政府机构共同合作、加强公众参与力度的"伙伴式"保护提升运作模式，推动历史建筑保护"共同缔造"活动，充分调动广大居民参与的积极性与主动性。

三、旧城改造经验总结

从北京路街区、万木草堂到新河浦历史街区、旧南海社区改造，越秀区政府诸多的优秀案例为旧城改造累积了经验，从顶层管理到基层实践，形成具有可推广性的模式，可推动其他地区旧城新建项目的发展，同时，也能够以该模式反哺越秀区旧城改造项目的进一步发展。

（一）思想上：党建引领，以人民为中心

越秀区旧城改造项目之所以能够取得成功、得到人民群众的好评，根本性的一点是其始终坚持以人民群众为工作重心，坚持党建引领，做顺应民心的工作，因而才能得民意。在旧城新建的过程中，区政府积极听取民众意见，做能够实际便利民生的改造，最终取得项目成功。

在六榕街旧南海县社区的改造项目中，以街道、社区党组织为核心，形成党员骨干、居民代表、楼长、辖区单位、社会组织各界代表广泛参与的社区议事平台，通过 8 次居民征询意见会、600 份居民问卷调查表、100 余条微信群信息、6 条微改造信息平台公众号信息、电话征询居民群众约 1200 人次，征得居民群众对微改造的意见建议26 条并纳入微改造整体的建设方案。以网格为单位，组织基层在职党员、小区退休党员等力量，通过网格化走访、微信公众号等多种方式，在改造前期收集群众意见，中期协调工程扰民问题，后期调动群众共同参与管养，得到群众的广泛支持与认可。同时，秉承"问需于民、问计于民、问效于民"的原则，在"改不改""改什么""怎么改"等问题上充分尊重居民意愿。回应群众提出的在社区增加公共照明提升安全感、抽梳绿化消除房屋安全隐患、在楼道和梯级增加扶手方便老人出行、在社区设立社工机构为群众提供更多元服务等希望。借助微改造契机，重点围绕衣食住行、安居乐业等居民群众最关

心、最直接、最现实的利益问题，以养老、医疗卫生、社会服务、文化体育等领域的公共服务为主要回应内容，优化公共服务场地资源，打造旧南海县社区党群服务站、新时代文明实践站，与居委会办公场地三合一，强化党建属性，为群众提供多层次、优质、便捷、精细服务。在实践上积极协调各方力量及时调整完善改造方案，使得一批民生问题得到解决，受到了群众的支持认可，真正实现"人人都是参与者，人人都是受益人"。

（二）策略上：合理布局，做好针对性规划

不同的古迹有不同的历史背景、发展脉络或是文化故事，因此不同的古迹建筑、不同的街区，在旧城改造的过程中不能采用同一套模式，而应该有针对性地对待，在改造过程中挖掘其具有的独特性基因，做不同的发展规划。在顶层布局的阶段就应当结合差异性情况作有针对性的部署，这一点可以从越秀区政府对北京路、旧南海县街区等老街改造，微社区改造等成功案例中得出。

如何在面对现代化需求的改造要求时保留传统文化的痕迹是旧区改造始终需要关注的问题。传统与现代、本土与国际，在规划布局时就应当合理处理其中的关系。

在对六榕街旧南海县社区进行改造时，为保存两街三坊的街巷格局，对72处传统风貌建筑线索予以修缮整治，每一幢房屋的整治方案都征询专家意见，立面以清洗为主，更换破旧门窗也尽量用回原样材料，力求保持建筑的原真性。在对北京路区域进行新建项目的过程中，也同样采取了"一栋一策"的规划措施。

（三）执行上：多方合作，推动社会性参与

旧城新建项目如果单靠政府单方面的推动，往往难以取得良好效果，因此，在项目的具体实践过程中，政府也在积极寻求社会各方的合作，共同参与改造过程，推进改造成果的长期维系。

北京路升级改造项目中，政府积极推进产业与民生相结合，实现"共建共享"新模式，最终实现街区商业环境的全面提升。同样，旧南海县社区改造中也采取了三方联动的手段，多方主体配合解决改造难题：一是市级部门牵好头。市住建局作为主管部门，将旧南海县老旧小区微改造列入年度计划和试点项目，安排项目资金；推行"设计工场"，对实施方案严格把关；牵头协调管线单位，落实"三线下地""四网融合"；牵头协调引入市场力量参与老旧建筑活化利用。二是区级部门全过程跟进。在区委区政府的高度重视下，区房管局作为项目主体，落实项目的全过程管理；与设计单位建立现场工作坊，挖掘街区历史文化资源；梳理公房资源，争取对物业进行活化利用。三是街道社区主动作为。积极配合市区部门，主动借助社区居民议事平台，深入居民征求意见。对于群众提出的问题，街道社区和房管部门紧密联动，协调各方力量及时调整完善改造方案，一批民生问题得到解决，改造受到了群众支持认可。